¿DICE LA BIBLIA REALMENTE ESO?

¿Dice la Biblia realmente eso?

Everett Leadingham, Redactor

Casa Nazarena de Publicaciones

Publicado por
Casa Nazarena de Publicaciones
17001 Praire Star Parkway
Lenexa, KS 66220 EUA.

informacion@editorialcnp.com • www.editorialcnp.com

Título original en inglés:
    Does the Bible Really Say That?
    Everett Leadingham, editor
    Copyright © 2004
    Beacon Hill Press of Kansas City
    A Division of Nazarene Publishing House
    Kansas City, Missouri 64109 USA

    This edition published by arrangement
    with Nazarene Publishing House
    All rights reserved

Esta edición se publica con permiso de
Nazarene Publishing House
Copyright © 2009
Todos los derechos reservados

ISBN 978-1-56344-423-4

Traductor: Ignacio D. Pesado
Diseño de portada: Marcela Figueroa

Categoría: Estudio bíblico

A menos que se indique lo contrario, todas las citas bíblicas han sido tomadas de la Biblia versión Reina-Valera 1960 de Sociedad Bíblica Unidas.

Excepto para breves citas, ninguna parte de este libro puede ser reproducida, almacenada o transmitida en cualquier forma o por cualquier medio sin la previa autorización escrita de la editorial.

Contenido

Prefacio 7

Capítulo 1
El pecado contra el Espíritu Santo 11

Capítulo 2
Aborrecer a nuestra familia 19

Capítulo 3
No paz, sino espada 29

Capítulo 4
¡Vende todo lo que tienes! 39

Capítulo 5
Un salario justo por el trabajo 49

Capítulo 6
Pocos son los escogidos 59

Capítulo 7
«¿Por qué me has desamparado?» 69

Capítulo 8
No pasará esta generación 79

Capítulo 9
¿Prueba o tentación? 87

Capítulo 10
Firmes en vuestra vocación y elección 97

Capítulo 11
¡El tal sea entregado a Satanás! 109

Capítulo 12
Unidos con los incrédulos 119

Capítulo 13
Peor que un incrédulo 129

Prefacio

Lo que distingue a los cristianos de todos los demás aquí en la tierra, es el poder de Jesucristo que cambia las vidas. Lo que una persona piensa respecto a Cristo, marca la diferencia. Desafortunadamente, tal como la gente de hoy en día concibe a Jesús no les interesaría crucificarlo. Lo recrearon en sus propias mentes haciendo de Él una persona más aceptable y con carácter apacible, una figura inofensiva que hace que las personas se sientan bien de sí mismas. Pero, éste no es el Jesús que encontramos en los evangelios. Él no limitó sus enseñanzas sólo a lo que el hombre quería escuchar. Cuando anduvo por los caminos antiguos de Israel, unos le amaron por el cambio redentor que obró en sus vidas y otros, lo odiaron por las cosas que dijo. Todavía hoy tenemos a los que se sienten ofendidos por Él.

La buena nueva es que Jesucristo viene a nuestras vidas para ayudarnos a ser mejores cristianos. Lo hace como parte de su plan para levantar preguntas y cuestionar nuestra noción del mundo. Desafía nuestras ideas equivocadas. Identifica nuestras prioridades erróneas. Y cuando habla, nos llama a pensar y a responder. Es por eso que algunas de las enseñanzas de nuestro Señor son conocidas como «palabras duras». Porque

Él nos ama, nos dice lo que necesitamos escuchar, aunque en algunos casos sea doloroso.

La frase, «dura es esta palabra», es usada en la Biblia una sola vez para describir las palabras de Jesús:

«Jesús les dijo: De cierto, de cierto os digo: Si no coméis la carne del Hijo del Hombre, y bebéis su sangre, no tenéis vida en vosotros. El que come mi carne y bebe mi sangre, tiene vida eterna; y yo le resucitaré en el día postrero. Porque mi carne es verdadera comida, y mi sangre es verdadera bebida. El que come mi carne y bebe mi sangre, en mí permanece, y yo en él. Como me envió el Padre viviente, y yo vivo por el Padre, asimismo el que me come, él también vivirá por mí. Este es el pan que descendió del cielo; no como vuestros padres comieron el maná, y murieron; el que come de este pan, vivirá eternamente. Estas cosas dijo en la sinagoga, enseñando en Capernaum. Al oírlas, muchos de sus discípulos dijeron: Dura es esta palabra; ¿quién la puede oír? (Juan 6:53-60).

La frase «palabra dura» puede tener dos significados, o bien es «difícil de entender» o «difícil de aceptar». Las enseñanzas que son «difíciles de aceptar» son aquellas que desafían al discipulado superficial con un llamado a un estilo de vida costoso. Las enseñanzas que son «difíciles de entender» son aquellas que parecen no coincidir con lo que ya conocemos de la Biblia, o reflejan una situación histórica muy diferente a la nuestra, que dificultan su comprensión.

En los siguientes capítulos veremos las enseñanzas que caen en ambas categorías. Las palabras, frases o enseñanzas que son difíciles de entender generalmente pueden ser clarificadas si añadimos alguna información relacionada con su contexto histórico, costumbres de la época o el significado de las palabras. Sin embargo, cuando llegamos a las palabras que son difíciles de aceptar, porque a la gente no le gusta lo que dicen, aunque las expliquemos no las comprenderán. En estos casos sólo podemos asegurarles que la Palabra de Dios quiere decir exactamente lo que dice. Nuestra meta con todas estas enseñanzas o palabras «duras», es llegar a la verdad que nos hace libres.

Capítulo 1

EL PECADO CONTRA EL ESPÍRITU SANTO

Palabras difíciles: «A todo aquel que dijere alguna palabra contra el Hijo del Hombre, le será perdonado; pero al que blasfemare contra el Espíritu Santo, no le será perdonado» (Lucas 12:10).

Contexto bíblico: Lucas 12:1-12.

Verdad para recordar: Mientras creamos que nadie está fuera de la poderosa gracia redentora de Dios, es posible que llegue el momento en que nosotros mismos, por negar o darle la espalda, quedemos fuera de la esfera de su poder salvador.

Una guía para nuestro recorrido

Jesús advirtió a sus discípulos para que tuviesen «cuidado» con la «hipocresía» de los fariseos. Nadie que lea los evangelios puede pasar por alto este mensaje constante de nuestro Señor: ¡Cuidado con la hipocresía! Se puede comparar con la hipertensión, la cual es silenciosa, lenta y mortal. Al parecer nada es más serio para nuestro Señor. Aunque a veces Él sea retratado como amable, no dado al juicio y tolerante, en realidad Jesús tenía convicciones firmes y usó palabras de juicio y condenación. ¡Hay actitudes que no pueden ser toleradas! Y, aparentemente, no hay nada tan serio que ponga en peligro nuestra relación con el Padre como la hipocresía. La verdad negada por mucho tiempo, como un hacha que no se afila, pierde su eficacia. Tristemente algunos de los fariseos se engañaron a sí mismos. ¡Ellos mintieron tan bien que creyeron en su propia mentira! Jesús advirtió que tal autoengaño hace que tengamos corazones duros. Esta es la esencia de lo que Jesús llama «el pecado contra el Espíritu Santo» (Lucas 12:10).

Este capítulo se enfoca en esta declaración difícil de Jesús acerca del «pecado imperdonable» (Lucas 12:10). Es un tema que generalmente ha sido distorsionado y malentendido. Necesitamos estudiarlo por varias razones: (1) Esta advertencia de Jesús necesita ser escuchada hoy. Él entiende nuestra tendencia natural hacia el autoengaño y quiere ayudarnos a permanecer sensibles a Dios. (2) Necesitamos entender que es imperdonable ser insensibles y hostiles hacia lo que es indudablemente divino. (3) Esta sesión también nos desafiará a cada uno de nosotros para que tengamos una relación más profunda con Dios.

Un grupo de fariseos acababa, literalmente, de comerse las palabras de Jesús. Él les dio más para masticar de lo que ellos realmente querían. Les habló tan claramente que uno de ellos dijo: «Maestro, cuando dices esto, también nos afrentas a nosotros» (Lucas 11:45). Sin embargo, Jesús continuó mostrándoles su dolor por la dureza de sus corazones.

Cuando Jesús se fue, los fariseos prepararon un plan contra Él. Y aunque una multitud de miles de personas se juntó para escucharlo, Jesús comenzó se dirigió a sus discípulos en relación a lo que acababa de pasar: «Guardaos de la levadura de los fariseos, que es la hipocresía» (Lucas 12:1b).

Este encuentro con los fariseos prepara el escenario para todo lo que Jesús tiene que decir en Lucas 12:1-12.

La verdad saldrá a la luz

Jesús estaba preocupado por la influencia de los fariseos, aún cuando la teología básica que ellos exponían estaba más cerca de las propias enseñanzas de Jesús que las de cualquier otra secta de la época.

- Los fariseos eran los que representaban el deseo para un Israel justo.
- Ellos promovían la esperanza de la venida del reino mesiánico.
- Se suponía que la meta de cada fariseo era llevar cada aspecto de la vida en sujeción a la ley.

La queja de nuestro Señor respecto a los fariseos se basaba en que ellos no ponían en práctica lo que decían creer. Jesús los llamó «hipócritas.» La palabra significa «representar un papel». Ellos daban la apariencia de una devoción religiosa, pero era un disfraz. Aunque espiritualmente eran pobres, se nombraban a sí mismos como guías espirituales para el pueblo de Dios. Por esta razón Jesús los llamó «guías ciegos» (Mateo 15:14).

Tristemente ellos se engañaron a sí mismos. ¡Mentían tan bien que creían en sus propias mentiras! Nosotros sabemos que eso es posible. Los seguidores de Lenin se habían convencido a sí mismos que debían esclavizar a las personas para luego liberarlas. En las crueles purgas realizadas en 1930, bolcheviques prominentes confesaron crímenes que ellos sabían que no habían cometido, y todo para apoyar la «causa». En la época de Jesús, de manera similar, algunos fariseos vivieron una mentira por tanto tiempo que olvidaron que era una mentira. Constantemente, aunque con orgullo, decían ser los herederos de Abraham, ellos se olvidaron que para tener la bendición como la tuvo Abraham, debían ser santos como él; que las ceremonias externas eran vanas si no había pureza interior, y que sus pensamientos y motivos debían ser los mismos que tiene Dios.

Uno de los aspectos de la hipocresía o falsedad es la mentira que dice que «nunca nadie lo sabrá». Jesús declara que los actores, eventualmente, tendrán que enfrentar la realidad. La verdad será conocida. Todo aquello que fue escondido será sacado a la luz para que todos lo vean.

Nadie puede esconderse de Dios, y ¿por qué alguien querría hacerlo? Una de las realidades que define a la persona que camina con Dios tiene que ver con lo que Dios sabe. El hecho de que nada está escondido a los ojos de Dios es una verdad que asusta a la persona que no conoce a Dios. Para la persona que camina con Dios hay tranquilidad y seguridad cuando comprende que Él lo sabe todo.

Nosotros somos objeto del cuidado de Dios

En estos cuatro versículos (Lucas 12:4-7) Jesús habla del temor cuatro veces, y en ellos vemos un contraste impresionante.

- «No temáis…» (v.4).
- «Pero os enseñaré a quien debéis temer: Temed a aquel…» (v.5).

El pecado contra el Espíritu Santo 15

- «Os digo, a éste temed…» (v.5).
- «No temáis…» (v.7).

Esperaríamos que Jesús dijese: «Teman a Satanás», pero no lo hace. En otros pasajes de la Biblia nos aconseja que «resistamos al diablo» (Santiago 4:7; 1 Pedro 5:9), pero que no tenemos que temerle.

Jesús nos dice que no temamos lo que otras personas nos puedan hacer (v.4). Y afirma que lo peor que otras personas podrían hacer contra nosotros, es matarnos. ¿Y se supone que esto es para consolarnos? Sí, lo es. Durante siglos, en tiempos de persecución, los creyentes estaban dispuestos a cambiar sus vidas terrenales por un tesoro más grande, la vida eterna. Para apreciar esta vida adecuadamente, necesitamos recordar que ¡la vida en Cristo es la eternidad en sí misma!

A quien debemos temer es a Dios mismo (v.5). Debemos temerle porque nuestro destino eterno está en sus manos. Sin embargo, porque le conocemos y hemos aprendido que Él es digno de confianza, el temor a Dios que una vez nos causó temblor, ahora nos llena con un sentimiento de reverencia y asombro. Los versículos 6 y 7 nos dicen por qué no debemos temer a Dios, esto es porque Él nos cuida.

Es muy importante notar que justo después que se nos dice que no debemos temer a Dios (v.5), nos hace recordar que podemos confiar en Él (vv.6-7).

Dios está listo para perdonar todo pecado

En Lucas 12:8-12, Jesús enseña claramente que cualquiera que blasfeme contra el Espíritu Santo no será perdonado. Sin embargo, esta no es la única ocasión en que Él habla acerca de este pecado imperdonable (vea Mateo 12:31-32; Marcos 3:28-30). En esos ejemplos, el Señor se dirigía a personas que se oponían a Él, y les advertía acerca de eso para su propio bien.

En el pasaje de Lucas 12:8-12, Jesús está dando palabras de ánimo principalmente a sus discípulos. Dentro de ese contexto, sus palabras acerca del pecado imperdonable son para que ellos sepan que si alguno blasfema contra el Espíritu Santo tendrá que enfrentar las consecuencias. Los versículos 11 y 12 dan a entender que el propósito era preparar a los discípulos para los tiempos que estaban por venir, cuando sus enemigos intentarían intimidarlos. Él los estaba capacitando con la siguiente verdad: Aquellos cuyos corazones estaban endurecidos a la voz del Espíritu Santo ya estaban frente al castigo del juicio de Dios.

Debemos preguntarnos que hay en la blasfemia contra el Espíritu Santo para que sea un pecado imperdonable. Aunque el orgullo, la envidia, el enojo, la lujuria y la pereza, son horribles «pecados mortales» tal vez no califican como pecados imperdonables. Actos terribles como los asesinatos en serie, no nos aislarían del poder de convicción del Espíritu Santo. Incluso las manifestaciones de enojo, como las que tienen los ateos cuando culpan a Dios por los males del mundo, pueden ser perdonadas por medio de arrepentimiento y adoración al Dios viviente.

El pecado es imperdonable cuando nuestro corazón se endurece como resultado de un estilo de vida deshonesto y una constante negación, la negativa para enfrentar y tratar con la verdad.

La pregunta de Pilato: «¿Cuál es la verdad?», reveló su rechazo para tratar con el asunto, típica actitud que se transforma en resistencia a Dios. Estrategias farisaicas que reemplazan las normas divinas reveladas por Dios por principios «religiosos» los cuales agradan a las personas pero poco a poco separan a una persona de la convincente voz del Espíritu Santo. En definitiva, alejarse de la Luz del mundo, preferir vivir en la oscuridad del pecado y no tener el deseo de buscar la verdad, deja a una persona abandonada en el fondo de una cueva donde no hay luz que pueda penetrar.

La blasfemia contra del Espíritu Santo no es un pecado específico, pero si una condición que limita lo que Dios puede hacer en la vida del que no se arrepiente o del indiferente.

F. F. Bruce dijo, hay menos enfermedades preocupantes que requieren ser tratadas por los que cuidan el aspecto espiritual de las personas, que de aquellas personas que creen haber cometido el pecado imperdonable. Un ejemplo clásico de lo que Bruce quiso decir lo vemos en el poeta inglés, William Cowper (1731-1800). Durante su vida, Cowper estuvo convencido de que había cometido el pecado imperdonable.

Cuando tenía 21 años, inició la profesión de abogado. Luego, fue nominado para el puesto de oficinista en la Cámara de los Lores. Pero, por la presión que sentía en su preparación para el examen, tuvo una crisis nerviosa. Cowper intentó suicidarse.

En 1763, convencido de que Dios lo estaba castigando, fue confinado al asilo de San Alban por 18 meses. Durante ese tiempo en el asilo, mientras era visitado por su hermano, William Cowper recobró sus facultades mentales lo suficiente como para experimentar la conversión y la seguridad del perdón de pecados. Desafortunadamente, allí no terminaron sus problemas. Todavía convencido de que había cometido el pecado imperdonable, sufrió períodos de melancolía y depresión hasta su muerte en 1800.

Sin embargo, a pesar de todos los problemas por los que pasó, es conocido como el poeta más grande de su generación. Y continúa siendo uno de los poetas ingleses cuyas frases son las más citadas, por ejemplo: *«Variety's the very spice of life»* (Variedad es la sazón de la vida). Escribió muchos himnos muy apreciados como: *«There is a Fountain»* (Hay una Fuente); *«O for a Closer Walk With God»* (Caminar más Cerca de Dios) y

«God Moves in a Mysterious Way» (Dios se Mueve en Forma Misteriosa). Fue amigo cercano de Juan Newton. Juntos dirigían reuniones de oración, visitaban a los enfermos y ayudaban a los pobres. Colaboraron en una colección de himnos llamados «The Olney Himns» (Los Himnos de Olney) que marcaron una etapa en la himnología cristiana. Juan Newton escribió 281 de esos himnos y William Cowper escribió 67.

Cowper luchó con sus dudas y temores religiosos hasta el final de su vida. Sintió que Dios lo había condenado «por debajo de Judas Iscariote». Constantemente soñaba que Dios se vengaba de él. William Cowper representa a muchos que han sufrido innecesariamente porque no entendieron las enseñanzas de Jesús sobre el pecado imperdonable.

Si sólo hubiese escuchado a Adam Clarke decir: «El pecado imperdonable, como algunos lo denominan, no es nada más ni nada menos que atribuir los milagros que Cristo obraba por el poder de Dios, al espíritu del diablo… Nadie que cree en la misión divina de Jesucristo, puede jamás cometer este pecado».*

Los creyentes sinceros no necesitan preocuparse si cometieron el pecado imperdonable. Aquellos a los que no les preocupan si lo han cometido, son los que probablemente los harán.

Notas bibliográficas
* Adam Clarke. Comentario de la Santa Biblia, *Vol. III. (Kansas City: Casa Nazarena de Publicaciones, 1974)*, p. 35.

Capítulo 2

ABORRECER A NUESTRA FAMILIA

Palabras difíciles: «Si alguno viene a mí, y no aborrece a su padre, madre, y mujer, e hijos, y hermanos, y hermanas, y aun también su propia vida, no puede ser mi discípulo» (Lucas 14:26).

Contexto bíblico: Lucas 14:25-35.

Verdad para recordar: Los creyentes son llamados a tener un nivel de devoción a Jesucristo tan alto, que todas las demás lealtades no tienen comparación.

Una guía para nuestro recorrido

Este es el segundo capítulo sobre los versículos del Nuevo Testamento que son difíciles de entender. El pasaje difícil del capítulo anterior tenían que ver con las enseñanzas de Jesús en relación al «pecado contra el Espíritu Santo», conocido como «el pecado imperdonable». Nosotros sabemos que nadie está fuera del amor de Dios, y que el único que no puede ser perdonado es aquel que no desea ser perdonado.

El pasaje bíblico central para este capítulo, donde nuestro Señor enseña que debemos aborrecer a nuestra familia (incluso nuestra propia vida) es difícil, por varias razones: Para la gente fue difícil entender lo que Jesús quiso decir, y cuando comprendieron el significado de las palabras del Señor, era una verdad no muy fácil de aceptar. Esto también es cierto para nosotros hoy.

No es ninguna coincidencia que Lucas fuera guiado a narrar sobre las grandes multitudes que seguían a Jesús (Lucas 14:25). Muchos hubiesen querido tener esa gran multitud de seguidores. Sin embargo, Jesús estaba interesado en los motivos por los cuales la gente le seguía. Él no podía estar satisfecho si los motivos de quienes le seguían eran superficiales. Quería estar seguro de que quienes le seguían entendían la gran importancia del claro llamado de Dios. Todo lo demás pasa a un segundo plano, hasta aquellos que queremos mucho. Sólo Dios puede demandar la devoción que Jesús pidió demostrar a sus seguidores (vea Deuteronomio 6:4-5).

Un día sábado, la madre del rabino Tarfon rompió su sandalia cuando caminaba en su patio. Como era devota a la Ley, no podía repararla en ese día, que para ellos era sagrado. La única opción que tenía era caminar descalza en un solo pie. Por respeto a su madre, Tarfon puso sus manos bajo la planta de sus pies para que ella, sobre sus manos, llegue hasta su asiento.

Más tarde, cuando el rabino estaba enfermo, los sabios vinieron a visitarlo. Su madre dijo: «Oren por mi hijo Tarfon, porque él me trata con mucha honra».

«¿En qué forma?» le preguntaron.

Cuando les contó la historia de la sandalia rota, ellos dijeron: «Aunque hizo lo que usted dice, y lo hubiese hecho miles y miles de veces, él no cumplió ni con la mitad de toda la honra que la Torah dice que un hijo debe tener a sus padres».[1]

Una larga tradición

La historia relatada de esa familia judía en los tiempos del Nuevo Testamento, ilustra una verdad central en el judaísmo. Se enseñaba a los devotos que sólo a una persona se le debía más respeto y honor que a los padres, a Dios.

¿Puede imaginar a Jesús casi listo para morir en la cruz? Como buen hijo judío, Él miró hacia su madre y le dijo: «Mujer (usó un término cariñoso), he ahí tu hijo», y al discípulo (Juan), «he ahí tu madre». Desde ese momento, este discípulo la llevó a su hogar (Juan 19:26-27). El cuidado de Jesús por su madre en el momento de su propia muerte, fue para cumplir con la mejor tradición judía.

La escena en el Gólgota nos recuerda a David que huía del furioso y peligroso rey Saúl para salvar su vida. Al encontrar un hogar temporal en Mizpa, le pidió al rey de Moab lo que cualquier buen hebreo pediría: «Yo te ruego que mi padre y mi madre estén con vosotros, hasta que sepa lo que Dios hará de mí» (1 Samuel 22:3). El rey honró su petición. Desde antes de David y hasta mucho después de que Jesús estuvo aquí en la tierra, el deber de los hijos hacia sus padres ha sido la principal preocupación del judaísmo.

De hecho, Jesús reprochó a algunos líderes religiosos de su día por su actitud hacia el dinero que les permitía «legalmente» ignorar su deber hacia los padres. Su respeto por las antiguas enseñanzas de honrar a los padres y a las madres, le causó conflictos con los maestros de la ley que declaraban Corbán como un don dedicado a Dios (Marcos 7:9-13). Corbán es un término hebreo que significa «separado para Dios». Si una persona en tiempos del Nuevo Testamento declaraba como Corbán algún bien, no tenían que usar ese bien o dinero para ayudar a los padres en edad avanzada. En su lugar, ese dinero podían usarlo para inversiones propias y especulación hasta su muerte; luego, era entregado al templo en honor y memoria del que lo dio.

A la luz de una tradición tan antigua, ¿cómo pudo decir Jesús: «Si alguno viene a mí, y no aborrece a su padre, madre, y mujer, e hijos, y hermanos, y hermanas, y aun también su propia vida, no puede ser mi discípulo» (Lucas 14:26)?

Para entender esta enseñanza, necesitamos reconsiderar lo que Cristo estaba diciendo.

Una nueva definición

En la historia de una nación no hay muchos eventos considerados críticos. Esos momentos determinan el carácter y el destino de un país y su gente. Por ejemplo, pocos, si es que hay alguno, de los presidentes de los Estados Unidos de América tomó control de la situación y cambió la historia, como lo hizo Abraham Lincoln el 1 de enero de 1863, cuando firmó la Proclamación de Emancipación. Aunque liberó pocos esclavos en aquella época, la Proclamación de Emancipación en los Estados Unidos, definió para siempre un futuro libre de esclavitud.

Uno de esos momentos decisivos para los hebreos vino cuando Moisés, parado cerca del río Jordán, llamó al pueblo para que se reúnan y les habló de las promesas recibidas en el Sinaí. Les recordó que el convenio del Sinaí no fue simplemente un documento histórico entre sus padres y Dios, o una relación de valor sólo para sus antepasados. De hecho, era una realidad que, aún en ese momento, controlaba la vida y destino del pueblo (Deuteronomio 5:1-3). Luego, después de hacerles recordar que la «Palabra de Dios» (que conocemos como los Diez Mandamientos) los guiaría para siempre, Moisés miró hacia el futuro. Un futuro al otro lado del río, sin él, pero que debía incluir el pacto que el pueblo había hecho con Dios, para tener éxito en el desarrollo del carácter personal y el de su nación.

El momento cumbre llegó cuando Moisés dijo: «Oye, Israel: Jehová nuestro Dios, Jehová uno es» (Deuteronomio 6:4). El Dios que los liberó de Egipto y el de la historia de la salvación, es un Dios, no muchos dioses. Fue una declaración incuestionable, valiente y franca, que hay un solo Dios, no una familia de dioses. Sería difícil entender la Biblia si no aceptamos el lugar central que ocupa esta piedra fundamental de la teología: Dios uno es.

Cuando le preguntaron a Jesús cuál era el mandamiento más importante, respondió: «El primer mandamiento de todos es: Oye, Israel; el Señor nuestro Dios, el Señor uno es» (Marcos 12:29).

No un puñado, ni una colección de dioses. «El Señor uno es». Luego Jesús añadió: «Y amarás al Señor tu Dios con todo tu corazón, y con toda tu alma, y con toda tu mente y con todas tus fuerzas» (v.30).

Sólo uno es digno

Empezamos este capítulo con una historia de la vida del rabino Tarfon. Vimos que la experiencia con su madre ilustra una verdad central del judaísmo. Los judíos eran enseñados para rendir respeto y honra a una sola persona más que a sus padres, a Dios.

En forma sutil, que los antepasados podían haber entendido con más facilidad que nosotros, Jesús afirmó su deidad cuando habló acerca de la lealtad a la familia. La palabra griega que Lucas usa en este pasaje, traducida como «aborrecer», tiene un significado fuerte, es «despreciar» u «odiar». Sin embargo, en un pasaje paralelo, Mateo narra lo que dijo Jesús: «El que *ama* a padre o madre más que a mí, no es digno de mí; el que *ama* a hijo o hija más que a mí, no es digno de mí» (Mateo 10:37, cursivas añadidas).

La mayoría de los comentaristas de este pasaje de la Biblia, ven a la declaración de Jesús, «aborrecer» a nuestra familia, como una vívida hipérbole (exageración de una circunstancia, relato o noticia) para que los que escuchaban (y los lectores) pongan atención a sus palabras. Jesús usó la hipérbole en otras situaciones -cuando habló sobre las «vigas» y las «astillas» en los ojos, o cuando habló de «sacarse el ojo» o «cortarse la mano»- y todo esto para dar una enseñanza que impacte en forma dramática, de tal manera que el pueblo esté dispuesto a escucharlo.

No importa si el verbo es «aborrecer», «ignorar», o «amar más que», el mensaje es el mismo. Jesús demanda una mayor lealtad hacia Él que la que le brindamos a los que más amamos aquí en la tierra.

Puesto que la Torah nos enseña que Dios es el único merecedor de más honor y respeto que nuestros propios padres, vemos que Jesús continúa en esa misma línea y nos llama a una mayor devoción cuando declara que Él mismo es Dios. Para los judíos y para nosotros, estas palabras redefinen quien es Jesús. Pero, todavía hay más. Estas palabras nos llaman a…

Un nuevo cálculo del costo

Lucas repite lo obvio: «Grandes multitudes iban con él (Jesús)» (Lucas 14:25). Y no es de extrañarse. Un comentarista de radio que llegó a ser famoso por hacer comentarios sarcásticos del presidente de los Estados Unidos, vino el otro día a nuestra ciudad. El auditorio no tenía la capacidad para el gran número de personas que querían escuchar las burlas a su líder nacional. Esa era una de las razones por las que las multitudes seguían a Jesús. Nunca sabían cuando Él lanzaría algún ataque sobre un personaje público para revelar sus transgresiones personales.

Luego, estaban los milagros. Los ciegos veían, los cojos caminaban, los demonios huían para entrar en un hato de cerdos. Ahora, ¡esto es interesante! ¡Qué historias tan maravillosas para contar alrededor de la fogata en una noche de campamento! Y tal vez, sólo tal vez, este Jesús podía ser el Mesías mencionado por los profetas, aquel que decía que dirigiría una revolución contra Roma. Nunca se podía saber que aventura podría ocurrir a la vuelta de la esquina. Por eso se agrupaban las multitudes. No querían perderse nada de lo que pasaría.

Jesús necesitaba a las multitudes, pero no porque fuera un actor. Hablándole al viento o gritándole a la tormenta, no ganaría muchos convertidos para su nueva causa. Jesús necesitaba de un público que escuchara su mensaje de liberación espiritual, amor y paz. Marcos nos dice, que por un momento, «gran multitud del pueblo le oía de buena gana» (Marcos 12:37).

Después, llegó el momento en que las cosas cambiaron. Cada uno de los evangelios menciona lo que pasó mientras la multitud entendió gradualmente la naturaleza radical del mensaje de Cristo. Juan nos dice, en relación con otro evento, que fueron tantos los que abandonaron al Señor Jesús que Él preguntó a sus discípulos para ver si también ellos querían irse (Juan 6:6-67).

Jesús nos llama a un nivel de devoción a Él tan alto, que todas las demás lealtades no tienen comparación.

Cuando Albert Schweitzer (1875-1965) tenía 30 años de edad era conocido como predicador, educador, autor, músico y filósofo. Recibió tres títulos doctorales. Fue director de un colegio teológico, un organista importante e intérprete principal de las obras de Bach.

A pesar de todos sus logros, Albert Schweitzer tuvo dificultades para entender las palabras de Jesús: «Porque todo el que quiera salvar su vida, la perderá; y todo el que pierda su vida por causa de mí y del evangelio, la salvará» (Marcos 8:35). Más tarde, en el otoño de 1904, leyó que la Sociedad Misionera de París necesitaba trabajadores en África. El artículo concluía así: «Hombres y mujeres que puedan responder al llamado del Maestro, 'Señor, envíame a mí', este es el tipo de personas que nuestra iglesia necesita». Schweitzer, más tarde testificaría: «Mi búsqueda terminó». Él dedicaría el resto de su vida al servicio de la humanidad.

El 13 de octubre de 1905, Schweitzer envió cartas desde París, comentándoles a sus familiares y amigos cercanos acerca de sus planes para ir a África como doctor misionero. En los meses venideros, fue atormentado por familiares y amistades, quienes intentaron convencerle de su falta de sentido común. Su actitud fue cuestionada aun por los oficiales de la Sociedad Misionera de París.

Para que Albert Schweitzer obedeciera el llamado, su devoción a Dios tuvo que llegar a ser tan completa, que en comparación con su amor a sus seres más queridos parecía odio. Todo aquel que camina con Él es llamado a tener el mismo nivel de devoción.

Una nueva familia

Por un lado, Jesús nos llama a un grado de devoción tal que todo lo que nos rodea, todas las otras lealtades, en comparación, pierden el valor o son aborrecidas. Eso es más de lo que muchos de nosotros podemos resistir, pero este no es el mensaje completo del pasaje.

Jesús llama a sus seguidores para que sean miembros de una nueva familia. «Los únicos familiares de un cristiano son los santos», dijo uno de los primeros mártires.[2] Jesús enseñó esto mucho antes de que ese creyente muriese por su fe.

Una de las tragedias que Jesús experimentó cuando estaba en esta tierra fue que su familia no caminó junto a Él. Juan dice: «Porque ni aun sus hermanos creían en él» (Juan 7:5). Marcos escribe que cuando la familia de Jesús escuchó lo que hacía y como las multitudes reaccionaban contra Él, «vinieron para prenderle, porque decían: Está fuera de sí» (Marcos 3:21). Sin embargo, Jesús no estaba dispuesto a ser forzado a vivir en un estado de aislamiento, como solían hacer con el «patito feo» de la familia, que era alejado de la vista pública. Él preguntó: «¿Quién es mi madre y mis hermanos? Y mirando a los que estaban sentados alrededor de él, dijo: He aquí mi madre y mis hermanos. Porque todo aquel que hace la voluntad de Dios, ese es mi hermano, mi hermana y mi madre» (Marcos 3:33-35).

En nuestros días, aun con la crisis de desintegración familiar, la mayoría de las personas son parte de una familia, alguien que provee amor y seguridad y que al mismo tiempo recibe demostraciones de devoción y cuidado. En algunas partes del mundo, la decisión de seguir a Cristo puede causar que una persona se separe de su familia y como consecuencia se quede fuera de la misma. A veces, los creyentes son desterrados y rechazados por sus seres queridos. En las palabras citadas anteriormente, Jesús nos indica que una nueva familia es creada para todos aquellos que son expulsados de sus familias terrenales a causa de su fe.

Esas son buenas noticias, pero hay más.

Cualquiera que desea seguir a Jesús, debe amarle mucho más que a los miembros de su familia más cercanos. Esto no quiere decir que el amor por la familia se desvanezca; más bien, debemos entender que el amor por Cristo debe incrementarse y llegar a ser supremo.

Nuestro Señor declara que la fe en Él desarrolla un lazo que une a las personas y acaban compartiendo los mismos padres y abuelos. Esta nueva familia se une con el amor de Jesús y su devoción hacia su Reino. Pero, aun cuando este pueda ser el resultado de nuestra confesión de fe, el llamado a seguir a Jesús es más que un llamado para decir «adiós» a las mejores relaciones en nuestra vida. También, es una invitación para unirnos a una nueva familia, la familia de Dios. ¡Que oportunidad! ¡Que privilegio!

Es posible ser un seguidor de Cristo sin ser un discípulo; ser un seguidor de campo sin ser un soldado del rey; ser un partidario sin asumir el riesgo de la responsabilidad. Una vez, alguien hablaba con un gran erudito sobre un joven. Él le dijo: «Me dijeron que era uno de tus estudiantes». El profesor respondió irónicamente: «Él puede que haya asistido a algunas de mis clases, pero no era uno de mis estudiantes».

Esta es una de las enormes desventajas de nuestra iglesia, hay muchos seguidores cristianos distantes y sólo un par de discípulos verdaderos. ¡Que responsabilidad! Tenemos que asegurarnos que las familias cristianas vivan a la altura del llamado de Cristo.

Notas bibliográficas
1. Hayim Nahman Bialik and Yehoshua Hana Riivnitsky, eds., *The Book of Legends* [El libro de leyendas, traducido al ingles por Williams G. Braude] (New York: Shocken Books, 1992), p. 231.
2. William Barclay, *The Gospel of Matthew* [El evangelio de Mateo] (Philadelphia: The Westminster Press), p. 59.

Capítulo 3

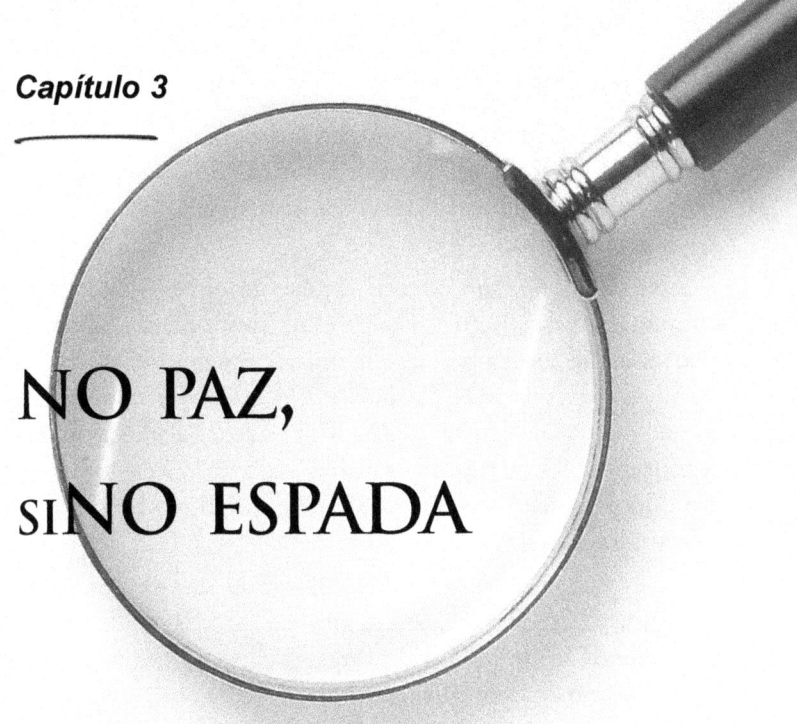

NO PAZ, SINO ESPADA

Palabras difíciles: «No penséis que he venido a traer paz a la tierra; no he venido a traer paz, sino espada» (Mateo 10:34).

Contexto bíblico: Mateo 10:17-36.

Verdad para recordar: Todos aquellos que prometen lealtad a el reino de Dios están automáticamente en desacuerdo con el reino de este mundo.

Una guía para nuestro recorrido

Estamos en guerra: El reino de este mundo contra el reino de Dios. Sabemos que el reino de Dios triunfará. Pero, mientras tanto, los creyentes están en un combate mano a mano contra las fuerzas del mal.

Nuestro Señor nunca trató de esconder la verdad sobre esta guerra del Reino. De hecho, siempre enseñó con claridad que todo aquel que le quisiera seguir debía, tomar su cruz (Marcos 8:34). Incluso dijo que la cruz debe ser llevada cada día (Lucas 9:23). En una ocasión, dijo a las multitudes: «En el mundo tendréis aflicción». Pero también les dijo para reconfortarlos: «Pero confiad, yo he vencido al mundo» (Juan 16:33).

En este capítulo vemos que Jesús habla, una vez más, sobre el conflicto del Reino. Ésta es otra de las frases difíciles de entender de Jesús. Es difícil porque parece ser contradictoria con la misión de Jesús. Sin embargo, Él recuerda a los creyentes que serán confrontados por oposición, porque estarán en desacuerdo con este mundo.

Muchos de nosotros experimentamos hostilidad o rechazo por causa de nuestra fe en Cristo. Este capítulo nos recuerda que hay ocasiones en las que las voces de este mundo se levantan contra el evangelio y contra cualquiera que sea parte de él. De todas maneras, el Cristo que nos llama para que seamos leales, también nos capacita para que triunfemos por medio de nuestra fe en Él.

Los romanos lo llamaban *iter principis*, el «itinerario del príncipe». Los griegos empezaron esta costumbre, pero los romanos la desarrollaron hasta transformarla en una eficaz máquina de propaganda imperial. Acompañado de sus tropas personales vestidos con sus mejores uniformes, César visitaba las provincias más distantes. En un elegante carruaje, o en su

No paz, sino espada

asiento, iba de ciudad en ciudad como un antiguo emperador chino. Cuando la procesión se acercaba a una ciudad importante, el emperador se vestía con su armadura de batalla y se montaba sobre un majestuoso caballo blanco, para luego entrar a la ciudad como un líder militar victorioso. Los residentes locales se alineaban en las calles, agitando ramas de palmeras, el símbolo universal de la victoria. Si las personas eran leales al trono, César concedía honores especiales o privilegios a la ciudad y a sus residentes.

Al siguiente día que Jesús resucitó a Lázaro de la muerte, nuestro Señor continúo su *«iter principis»*, su recorrido hacia el destino final en Jerusalén. Los cuatro evangelios mencionan el evento que conocemos como la entrada triunfal en Jerusalén, pero Juan 12 nos presenta una percepción especial de lo que ocurrió.

Mientras que el sumo sacerdote temía, la noticia de Lázaro corrió por la ciudad como un incendio incontrolable. La multitud fue a Betania para ver al que estuvo muerto y, especialmente, a aquel que había derrotado a la muerte, Jesús. El pueblo cortó ramas de palmeras y gritaba: «Bendito el que viene en el nombre de Jehová», citando el Salmo 118:26. Significativamente ellos añadieron estas palabras relatadas sólo por Juan: «¡Bendito es el rey de Israel!» (12:13).

Luego Juan dice: «halló Jesús un asnillo, y montó sobre él, como está escrito: No temas, hija de Sión; he aquí tu Rey viene, montado sobre un pollino de asna» (Juan 12:14-15). Al ver que algunos en la multitud querían hacerle su rey-guerrero, Jesús deliberadamente escogió montar un animal de paz, un asnillo.

Porque conocía el *iter principis* romano, la multitud entendió el simbolismo. Sin embargo, este era el que dijo: «No penséis que he venido a traer paz, sino espada» (Mateo 10:34).

Una mirada a la tensión

El Evangelio de Mateo estaba dirigido principalmente a los judíos que habían creído en Cristo. De hecho, cuando escribió el evangelio, había relaciones estrechas entre los cristianos y las sinagogas judías. Los judíos creyentes participaban en la vida de la sinagoga. En los primeros años después de la muerte de Cristo, el mensaje del evangelio se extendió en las sinagogas. Sin embargo, llegó el momento cuando los cristianos fueron forzados para salir de las sinagogas. Al mismo tiempo, la iglesia empezó a alcanzar con el evangelio principalmente a los gentiles. La estrategia misionera de Pablo nos muestra muy poco de los cambios en relación al lugar y la membresía. Cuando llegaba a una nueva ciudad, iba primeramente a la sinagoga local y predicaba de Cristo. Luego, se quedaba allí, discutiendo con los judíos, explicándoles lo que decían las Escrituras, hasta que era forzado a salir. Luego, él ayudó para que los judíos que creían en el evangelio, sean aceptados en la fe cristiana, mientras el continuaba proclamando el evangelio entre los gentiles.

Los lectores de Mateo sabían, de primera mano, cuán divisivo podría ser el evangelio. Se supone que las buenas nuevas debían traer armonía y reconciliación no sólo entre las personas, sino también entre Dios y los hombres. Sin embargo, la realidad era que muchos cristianos judíos se alejaban de sus familias por causa de su nueva fe. Ellos sabían lo que Jesús quiso decir cuando les advirtió de falsas acusaciones, traiciones, odio, asesinato y persecución. Nosotros sabemos que muchos de ellos fueron ahorcados, arrestados, azotados y desterrados.

Es irónico que la división pudiera existir por causa del evangelio de amor y paz. Claramente, el evangelio habla sobre amor, paz, misericordia, perdón y reconciliación; sin embargo, también crea tensión, debido a que el mundo no siempre acepta el mensaje de salvación. La oposición crea división, algunas veces lleva a la violencia. A menudo, aquellos que rechazan el evangelio acusan falsamente a los que creen en él. La tensión en las relaciones es ocasionada por aquellos que dan la espalda al regalo de misericordia que Dios ofrece.

Veamos esta tensión. No a la tensión entre un rey-guerrero y Jesús, sino al conflicto entre lo que Jesús hizo para definir quién era Él y lo que Él y otros dijeron sobre su persona y ministerio.

Ponga atención a esta palabra profética: «Porque un niño nos es nacido, hijo nos es dado, y el principado sobre su hombro; y se llamará su nombre Admirable, Consejero, Dios Fuerte, Padre Eterno, Príncipe de Paz» (Isaías 9:6). En la época de Isaías los reyes tenían un gobierno ineficiente, eran débiles en la guerra e incapaces de traer prosperidad o paz. Isaías esperaba a aquél que no sería un fracaso, que cumpliría todas esas promesas. Generaciones después, el tan esperado nació en Belén y necesitaba ser conocido como el Príncipe de Paz. Y cuando el bebé se transformó en un hombre, dijo: «No he venido a traer paz, sino espada».

Escuche el anuncio angelical: Una noche, muchos años después de los tiempos de Isaías, los ángeles cantaban a unos pastores en la colina, «¡Gloria a Dios en las alturas y en la tierra paz, buena voluntad para con los hombres!» (Lucas 2:14). El bebé a quien ellos cantaban, llegaría a ser un hombre pacífico, constantemente lastimado por las fuerzas de las tinieblas. Pero aunque siempre amó y tenía control de su situación, un día diría a sus discípulos: «No he venido a traer paz, sino espada».

Escuchen la promesa de Jesús: Pocas horas antes de ser arrestado en Getsemaní, Jesús dijo a sus amigos más cercanos: «La paz os dejo, mi paz os doy; yo no os la doy como el mundo la da. No se turbe vuestro corazón, ni tenga miedo»

(Juan 14:27). Sorprendentemente, Él fue el mismo que dijo: «No he venido a traer paz, sino espada».

Recuerde las palabras de Cristo después de la resurrección: «Cuando llegó la noche de aquel mismo día, el primero de la semana, estando las puertas cerradas en el lugar donde los discípulos estaban reunidos por miedo de los judíos, vino Jesús, y puesto en medio, les dijo: Paz a vosotros» (Juan 20:19). Pero antes les había dicho, «no he venido a traer paz, sino espada».

Una mirada más allá de la tensión

Una cosa es cierta: Jesús no estuvo a favor del conflicto. Enseñó a sus discípulos que no ofrecieran resistencia o represalia cuando ellos fuesen atacados o maltratados. En el Sermón del Monte, dijo: «Bienaventurados los pacificadores» (Mateo 5:9).

De todas maneras, algunas personas se han dado a conocer por tener un corazón insensible. Un famoso dramaturgo dijo que los críticos «saben el precio de todo y no valoran nada».

Jesús no encajó en esa definición. Él conocía el valor de las cosas cuando las veía. Mateo nos dice que Jesús «…al ver las multitudes tuvo compasión de ellas, porque estaban desamparadas y dispersas como ovejas que no tienen pastor» (Mateo 9:36). Nosotros sabemos que Jesús fue compasivo así que hemos hecho de este pequeño versículo algo «bonito». Eso es porque ninguna de las versiones de la Biblia transmite la fuerza que tiene en el idioma original la palabra «compasión».

Empezamos a entender el poder de estas palabras cuando las leemos en el momento culminante de la poderosa narración de Hechos 1:18: «Este, pues, con el salario de su iniquidad adquirió un campo, y cayendo de cabeza, se reventó por la mitad, y todas sus entrañas se derramaron». En el idioma griego, la palabra traducida como «compasión» y la palabra «entrañas o intestinos», vienen de la misma raíz. Tenemos que

No paz, sino espada

estar dispuestos a decir que cuando Jesús miró a las multitudes, su «corazón de rompió». De todas maneras, el texto griego dice que cuando Jesús miró a la multitud, «sintió el dolor en sus entrañas o intestinos».

La frase, «sintió el dolor en sus entrañas o intestinos», puede ser un poco ofensiva para algunos, especialmente cuando dice lo que Jesús sintió. Es por eso que las traducciones se han suavizado. Pero piense por un momento. Cuándo está con un miedo de muerte, ¿dónde lo siente? Ahí, en el fondo de su estómago. Cuando ve algo repugnante, ¿cuál es su reacción? Usted dice «se me revuelve el estómago», que es casi literalmente la verdad. Nosotros preferimos usar la palabra «visceral», una palabra más correcta que «en las entrañas». Los griegos lo denominaban *splanchna* (lo más íntimo del ser de una persona). Splanchna era la palabra que usaban para expresar compasión o pena.

Así que, cuando escuchamos decir a Jesús: «No he venido a traer paz, sino espada», debemos entender que sus palabras no vienen de una conversación relajada alrededor de una fogata, sino de *splanchna*. Este no fue un episodio casual en la vida de nuestro Maestro. Él estaba muy conmovido, como ninguna otra persona podía estarlo.

¿Qué fue lo que vieron los discípulos cuando miraban a las multitudes que empujaban a Jesús? En una palabra, problemas. O al menos, inconvenientes y frustraciones. Vea un par de ejemplos. Cuando una gran multitud se reunió en un lugar desierto y apartado y se quedó hasta la hora de la comida, los discípulos dijeron: «Despide a la multitud, para que vayan por las aldeas y compren de comer» (Mateo 14:15). Pero Jesús teniendo *splanchna* (la misma palabra usada en Mateo 9:36) suficiente como para sanar a los enfermos, tomó la comida de un muchacho y alimentó a cinco mil hombres, también a las mujeres e hijos.

Un día cuando las madres se acercaron a Jesús, para buscar su toque de bendición para sus niños pequeños, «los discípulos les reprendieron» (Mateo 19:13). Lo más probable es que los discípulos pensaron que Jesús estaba demasiado ocupado como para atender a los menos importantes. ¡Estaban equivocados!

¿Qué fue lo que movió a Jesús hasta lo más profundo, de su *splanchna*? Él dijo que la multitud era como «ovejas que no tienen pastor» (Mateo 9:36). Ahí es donde debemos empezar a mirar, si queremos encontrar un significado más allá de la tensión creada por las palabras de Jesús.

Los profetas del Antiguo Testamento mostraron la misma imagen. Israel despreciaba las fuentes vacías de guía y ayuda. Zacarías dijo: «…el pueblo vaga como ovejas, y sufre porque no tiene pastor» (10:2).

Observe, el profeta no dijo que no tenían líderes. Más bien, ellos eran explotados por sus propios líderes. Esa es la idea que Jesús expresa aquí. Los opresores eran los que deberían haber sido sus guías espirituales y protectores, sus supuestos líderes espirituales, que normalmente se les mencionan en las Escrituras como sus pastores. En muchos casos eran falsos pastores. Zacarías presenta una devastadora acusación contra estos falsos pastores que llevaban a las personas hacia la adoración a ídolos en lugar de guiarlos por los caminos del Señor. El Señor habló por medio de Zacarías, y dijo: «Contra los pastores se ha encendido mi enojo, y castigaré a los jefes» (10:3). Mientras Jesús miró a las multitudes, y tuvo compasión de ellas, porque… estaban como ovejas sin pastor, el poder de la ira divina y la urgencia de la tarea acechaban en las sombras.

El enfoque de la tensión

Los presentes que son personas tranquilas raras veces causan conflicto. Jesús pidió al Señor de la cosecha que enviase obreros a la mies (Mateo 9:38). Él mismo, de inmediato, respondió su

No paz, sino espada 37

propia oración. Llamó a sus 12 discípulos y les dio la misma autoridad que Él tenía sobre el diablo y sus demonios. Después, todas las fuerzas de Satanás se desataron contra Jesús y sus discípulos. Los poderes de la oscuridad, vivos y peligrosamente malos, estaban encarnados en gobernadores, reyes, líderes de los concilios locales y en los líderes de las sinagogas. Todo estaba ordenado contra aquellos que tomasen el evangelio y su mensaje de liberación de pecado y lo llevasen a las duras y desalentadas multitudes.

Jesús declaró que el mensaje encontraría resistencia. Esa resistencia vendría de diferentes lugares, algunas veces de la propia familia. «El hermano entregará a la muerte al hermano, y el padre al hijo; y los hijos se levantarán contra los padres, y los harán morir» (Mateo 10:21). El testimonio valiente y agresivo de los discípulos sería enfrentado con violencia, a espada. Jesús llama a sus discípulos para que sean leales hasta el final, pero les advierte que la elección de seguirle a Él, los llevaría por un camino peligroso.

En este capítulo, Jesús les amonesta a sus discípulos tres veces para que «no teman» (vv.26,28,31). ¡No nos extraña que dijera eso! Este pasaje no es para los de corazón débil. Con todo lo que se dice sobre rechazo, persecución, muerte y engaño, la respuesta natural sería temor.

Un grupo de cristianos que tomó literalmente las palabras de Jesús, «no vine a traer paz, sino espada», fueron los que formaron parte de las cruzadas en la época medieval. Estos guerreros intentaron rescatar la Tierra Santa de manos de los musulmanes que las ocupaban. Los cruzados eran conocidos por su rudeza y por sus sanguinarias acciones contra todo aquel que percibieran que estaba en contra de la iglesia. Pero, Jesús aconseja a sus discípulos seguir otra perspectiva, un punto de vista que sabe que ninguna cosa o institución creada pueda decir nada contra nosotros.

Nos dicen que más cristianos fueron asesinados por su fe en el siglo XX que en todas las épocas anteriores. Aunque así sea, muchos de nosotros no nos enfrentamos a la posibilidad de alejarnos de nuestras familias por causa de la religión que escogimos. Tampoco estamos amenazados por violencia o muerte cuando elegimos ser testigos de Jesús. Quizá, porque la fe no es perseguida o no hay peligro en dar testimonio de Cristo, algunos encontraron conveniente concluir que una religión es tan buena como otra. Eso quiere decir que dar testimonio de su fe no es importante. Esa postura también demuestra que estos creyentes, probablemente, nunca entenderán el significado de lo dicho por Jesús: «No vine a trae paz, sino espada».

Cristo trae paz al mundo, pero no bajo las condiciones del mundo (que termina el conflicto cuando cedemos ante él). Su paz es la conquista de lo correcto sobre lo malo, de lo justo sobre lo injusto. Empezó su ministerio público siendo tocado por la paloma de la paz y terminó colgando, entre el cielo y la tierra, ejecutado en una cruz. Ambos, la paloma de la paz y la violencia de la cruz, son símbolos de su Reino. La única paz real que podemos llegar a conocer en este mundo viene de la sumisión a la autoridad del guerrero-rey, el Príncipe de Paz. Entonces, y sólo entonces, su Espíritu nos traerá paz y una restaurada y feliz relación con el Señor. Es una paz que el mundo no puede dar y que tampoco puede quitar.

Capítulo 4

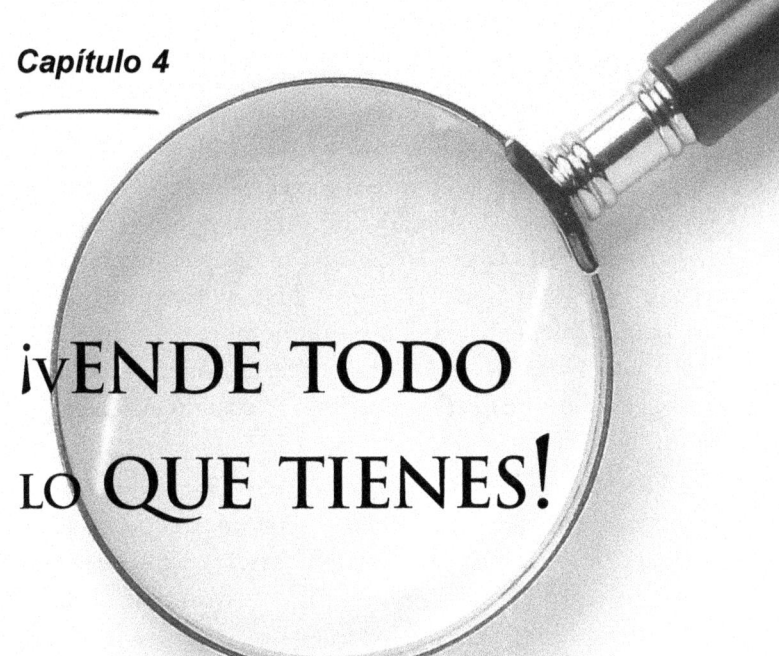

¡VENDE TODO LO QUE TIENES!

Palabras difíciles: «Anda, vende todo lo que tienes y dalo a los pobres, y tendrás tesoro en el cielo; y ven, sígueme, tomando tu cruz» (Marcos 10:21).

Contexto bíblico: Marcos 10:17-31.

Verdad para recordar: El obstáculo que enfrentan todos los que «desean ser» discípulos de Jesús, es una dedicación a Él sin reservas.

Una guía para nuestro recorrido

El enfoque bíblico para este capítulo se encuentra en Marcos 10:17-31. Esta es otra de las afirmaciones difíciles de Jesús. El pasaje comúnmente se conoce como el relato del «joven rico». Este incidente es considerado importante porque la historia se encuentra en los tres evangelios sinópticos (vea también Mateo 19:16-30 y Lucas 18:18-30). Mateo nos relata que era un joven y Lucas afirma que era un hombre «principal». Sin embargo, es Marcos quien nos dice que él «corrió» hacia Jesús y se «arrodilló ante Él» (Marcos 10:17) y cuando Jesús le miró, le amó (v.21).

El hecho más significativo de este encuentro entre Jesús y el joven rico, es que nuestro Señor le invitó para que le siga y formara parte del círculo de discípulos (v.21). Sin embargo, el joven que corrió hacia Jesús lleno de entusiasmo, se fue lleno de tristeza. Pensó que el precio para seguir a Jesús era demasiado grande, porque le costaría todo. La verdad en este pasaje es que todos aquellos que siguen a Jesús le deben dejar todo a Él, sin retener nada. Después, con su usual «tacto y elegancia», Pedro le recordó al Señor que todos los discípulos habían dejado todo por seguirlo (v.28). Por esa causa Jesús le respondió que ellos recibirían mucho más de lo que dejaron.

El llamado de nuestro Señor al joven rico nos recuerda a los creyentes que dejaron todo por seguirlo. Hombres como San Francisco de Asís, que dio todas las riquezas que su padre acumuló como comerciante, para caminar con Cristo en la pobreza. Mujeres como la Madre Teresa, que abandonó su vida cómoda en un hogar rico para ministrar a aquellos que fueron abandonados para morir en las calles de Calcuta. Misioneros como Harmon Schmelzenbach, que dejó las comodidades de su tierra para predicar el evangelio entre los nativos de África. Cualquiera que verdaderamente siga a Jesús tendrá como modelo a aquél que «por amor a vosotros se hizo pobre, siendo rico, para que vosotros con su pobreza fueseis enriquecidos» (2 Corintios 8:9).

Los pobres nos hacen sentir incómodos. Después de haber escapado a vivir en zonas residenciales (donde los que no tienen casas, los hambrientos y pobres si no están completamente escondidos están camuflados), por lo general evitamos ir a cualquier lugar donde los quebrantados y los que están al borde del dolor humano pueden ser vistos.

Aquellos que eligen ser pobres son para nosotros un gran reto. Ellos desafían algunas de nuestras ideas básicas de la vida como la importancia de tener éxito financiero y lo que llamamos con gentileza «valores de clase-media». Esto es, si compramos muchas cosas innecesarias con una tarjeta de crédito sobrecargada y las llevamos en un automóvil caro a una casa con una gran hipoteca. Eso es lo que llamamos «valor o importancia».

La gente, por mucho tiempo ha tenido dificultad para comprender a aquellos que son pobres por decisión. En 1182, Francisco nació como Giovanni Francesco Bernadone, hijo de un rico comerciante italiano en Asís. A su temprana edad de 20 años, desilusionado con el materialismo, renunció a su rica herencia y dio sus posesiones a los pobres. Después, dejó su casa vistiendo una capa arrugada y con el cinto de un espantapájaros. Su padre lo desheredó legalmente; su iglesia no sabía que hacer con él. A pesar de que intencionalmente no buscaba seguidores que imitaran su estilo de vida simple, muchas personas escogieron seguir su ejemplo. De pronto una nueva orden fue aprobada por el Papa, la de los Franciscanos.

Sin embargo, (la historia es muy larga para contarla aquí) después de muchos años, esa orden cambió completamente su propósito original, llegando a ser una gran organización con edificios y escuelas muy costosas.

Ser pobre por decisión personal, no es «normal».

La cultura judía, en la que nació Jesús, no era tan diferente. Ellos tampoco sabían cómo tratar a los pobres por decisión personal. De hecho, tenían reglas que los excluían de diferentes lugares. En los tiempos de Jesús, los rabinos enseñaban que no se debía dar más del 20 por ciento de las riquezas, por miedo a que, quien así lo hiciera, se convirtiera en una carga para la sociedad. En un comentario sobre Deuteronomio 28:15-58, un rabino escribió: «En la vida no hay nada más difícil de soportar que la pobreza, porque aquél que está oprimido por ella es como uno que está siendo asediado por todas las aflicciones que hay en el mundo, de hecho, como aquel que tiene todas las maldiciones que encontramos en Deuteronomio».[1]

Nosotros tampoco queremos ser pobres por decisión. Eso es lo que hace que estas palabras de Jesús sean difíciles de entender hoy, como lo fue para aquellos días cuando las mencionó por primera vez. «Una cosa te falta», dijo Jesús, «anda, vende todo lo que tienes y dalo a los pobres, y tendrás tesoro en el cielo; y ven, sígueme…» (Mateo 10:21). Mientras reflexionemos, veremos que estas palabras nos hablan de amor firme y mala suerte.

Amor firme

Cuando usted se detiene a mirar esta historia, encuentra un mensaje magnífico. Puesto que las riquezas eran vistas como señal del favor de Dios, se esperaba que el rabino siempre tuviese seguridad financiera. Ellos no tenían que ser ricos, pero al menos debían estar moderadamente bien para ganarse el respeto de la comunidad. Pero este no era el caso de Jesús. Él no tenía una casa, era un predicador que iba por diferentes

¡Vende todo lo que tienes!

lugares y sin salario del cual depender. Sin embargo, poseía algo que generaba gran respeto. Un hombre importante, cuando vio a Jesús alejarse de la ciudad, corrió hacia Él. Parece que este hombre tenía miedo de perder la oportunidad de ver a Jesús y, después de detenerle, se arrodilló ante Él.

¡Que evento más asombroso! Mateo, Marcos y Lucas identifican a éste que se arrodilló como el hombre rico. Además, Mateo añade que era joven (19:20); Lucas añade que era un «principal» del gobierno judío (18:18). Por esto es llamado, «el joven rico». Este hombre tenía todo: juventud, riquezas, prestigio y poder en la comunidad, una combinación que la mayoría de las personas, en las diferentes generaciones, desearía tener. Pero a pesar de todo eso, se arrodilló ante Jesús, quién lo amó a pesar de que éste le dio una respuesta incompleta. El joven había intentado hacer todo lo posible para ser una buena persona, guardó los mandamientos desde su niñez. Sin embargo, «Jesús le miró y lo amó» (v.21), y continuó con la única cosa que el joven aún necesitaba.

Las personas privilegiadas que tienen poder y dinero, de cualquier comunidad, pueden ser honradas pero no siempre amadas. De hecho, con frecuencia son vistas con envidia, se les cuestiona la forma en que obtuvieron el dinero, como lo gastan y como ejercen su poder. Sin embargo, Jesús amó a este joven que poseía todo lo que la gente consideraba valioso. La palabra que Marcos usa aquí para describir el amor de Jesús, es la gran palabra cristiana para amor, *ágape*, mostrada en el sacrificio de Cristo al morir en la cruz. No tiene ninguna relación con el amor erótico ni tampoco con el amor que un amigo puede sentir por otro.

Jesús tampoco era un espectador indiferente en relación a las necesidades del ser humano. Juan nos dice que «no necesitaba que nadie le explicara nada acerca del hombre, pues él sabía lo que hay en el hombre» (2:25 NVI). Podemos concluir con seguridad que Jesús sabía que el joven rico arrodillado ante Él, era una persona honesta que iba en busca de la verdad, un hombre devoto que sinceramente deseaba seguirlo.

Sin embargo, el hombre planteó la pregunta equivocada. «¿Que *haré* para heredar la vida eterna?» (v.17 cursivas añadidas). Su duda estaba basada en la idea de que la vida eterna es el fin de *hacer* más que el resultado de *ser*. Esta es la clase de idea elitista que los superdotados o ricos, tienen como pensamiento, para ver que es lo mejor en la religión, o como se refirió este hombre, «la vida eterna».

Entonces Jesús le dio una lista de todo lo que debía hacer para cumplir con los mandamientos. El hombre respondió, «todo esto lo he guardado desde mi juventud» (v.20). Los rabinos enseñaban que la ley podía ser cumplida totalmente. Incluso el apóstol Pablo dijo, (refiriéndose a su vida antes de ser cristiano) que en relación con la justicia que es la ley, era intachable (Filipenses 3:6). Es justo notar que aunque Jesús consideró superficial el comentario del hombre, no habría sido así por sus amigos y vecinos.

La respuesta de Jesús sugiere que estaba de acuerdo con el joven, y le dio algunas cosas más para hacer, pero no son simples añadiduras a la lista original. Si la frase, «no robes» hace referencia a los Diez Mandamientos, nosotros tenemos, en el versículo 19, una lista de los últimos seis de los Diez Mandamientos que prohíben acciones malas contra otras personas. Los primeros cuatro mandamientos hablan de nuestra relación con Dios y ahí estaba la cuestión, en un área de la vida mucho más personal e interior que los otros mandamientos, eso es lo que le faltaba al joven rico.

Todo lo que Cristo demanda en esta historia nace de su amor por el joven y su comprensión del Reino. Jesús le dijo al joven rico, «anda, vende todo lo que tienes y dalo a los pobres, y tendrás tesoro en el cielo; y ven, sígueme, tomando tu cruz» (v.21). Cuando el joven le preguntó a Jesús acerca de lo que necesitaba hacer para heredar la vida eterna, pensaba en términos de lo que él podía hacer para ganar su pase al cielo y a la manera de ser justo, mientras que Jesús trataba de decirle que una relación correcta con Dios es un don que debe ser recibido.

«Pero él, afligido por esta palabra, se fue triste, porque tenía muchas posesiones» (v.22). Estaba triste, aún así se alejó. Jesús puso las normas del Reino tan altas que los discípulos quedaron alarmados. Esto nos lleva a lo que podríamos llamar hoy en día...

Mala suerte

Por lo menos, en algunas situaciones, entendemos lo que significa el «amor firme». Esperamos que un padre le quite a su hijo un juguete peligroso, aunque él le diga gritando, «¡tú no me amas!» Felicitamos al padre que pone límites al comportamiento de su hijo adolescente, aunque él se rebele en contra de esos límites. El amor firme es incondicional pero necesario. Esta clase de amor es el que dice, «te amo tanto, que nada que puedas hacerme hará que deje de amarte». Sin embargo, el amor firme también dice, «porque te amo tanto, te exigiré cosas que jamás le impondría a cualquier persona».

Fue esta clase de amor que llevó a Jesús a decir: «Anda, vende todo... después ven, sígueme».

Recuerdo cuando un banquero visitó nuestra congregación. La iglesia era pobre, ignorada y estaba ubicada en la «peor» zona de la ciudad. Los viejitos en nuestra congregación hablaban de lo maravilloso que sería tener al banquero en nuestra membresía. «Finalmente la ciudad sabrá que estamos aquí», decían. Pero el banquero nunca regresó. Fue duro. Algunos dirían que fue «mala suerte».

Seguramente hubo algo de esto en la reacción de los discípulos cuando el joven rico decidió no aceptar las demandas del amor firme de Cristo. Estuvieron muy cerca de tener a alguien influyente y rico en su grupo. Pero él se fue. ¡Mala Suerte!

La pregunta de los discípulos, es aún más reveladora: «¿Quién, pues, podrá ser salvo?» (v.26). Más que perder una buena posición social, la pregunta revela la preocupación de ellos por su futuro. Pedro mostró el sentir del grupo cuando dijo: «¡Nosotros lo hemos dejado todo y te hemos seguido!» (v.28). Sabemos cómo interpretar esta preocupación. Si el hombre que tenía todo no podía obtener el reino de los cielos, ¿qué es lo que pasará con nosotros? Y no te olvides, Señor, que hemos dejado todo por seguirte.

Esta historia relatada por Jesús, puso a los discípulos frente a un verdadero dilema. Cuando el joven rico se fue, Jesús habló de un camello y del ojo de una aguja. Algunos explican que se trataba de una puerta en los muros de la ciudad llamada la Puerta de la Aguja, que era tan pequeña que debían quitar la carga que llevaba un camello y forzarlo para que se arrastre y así podía entrar por la puerta. Una hermosa imagen que habla de humildad y de completa liberación de nuestras posesiones.

De todas formas, ¿podría un camello pasar por el ojo de una aguja? Sí, dicen algunos. «Es posible que un camello pase por el ojo de una aguja», C. S. Lewis dijo, «pero será extremadamente difícil para el camello».

Parece que en las palabras de Jesús hay más significado de lo que nos muestra este ejemplo. Quizá, el Maestro, estaba pensando literalmente en el camello y en la aguja de un sastre. Ahora, eso es algo imposible, pero es exactamente lo que Él quería dejar en claro.

Las palabras de Jesús van en sentido contrario al del espíritu humano, que cree que debe hacer algo para obtener la salvación.

¡Vende todo lo que tienes!

Pero Jesús dijo: «Porque separados de mí nada podéis hacer» (Juan 15:5). En lo que se refiere a nuestra salvación, no sólo la del joven rico, el Señor dijo a sus discípulos: «Para los hombres es imposible, mas para Dios, no; porque todas las cosas son posibles para Dios» (Marcos 10:27). Ninguno puede heredar la vida eterna por lo que posee o hace. En el ejemplo del camello, la exageración hace hincapié en esa imposibilidad.

Nosotros, muchas veces, somos como el hombre que pasea a un enorme perro San Bernardo. Un día, vi a ese hombre en el parque, y me pregunté quién paseaba a quien. ¿El hombre llevaba al perro para caminar o el perro era el que mandaba? Me pareció, sin duda, que el perro estaba en control de la situación, y él lo sabía.

¿Era el joven rico señor de sus posesiones? ¿O las posesiones se enseñoreaban de él? La carga de las posesiones, pequeñas o grandes, se parece mucho a la caminata con el perro San Bernardo.

R. H. Gundry dijo: «El hecho de que Jesús no ordenó a todos sus seguidores que vendiesen todas sus posesiones, es un consuelo sólo para la clase de personas a quienes Él daría ese mandato»[2]. Si eso es cierto, la pregunta continúa abierta. ¿A quién daría Jesús el mandamiento?

Desde el punto de vista humano, estamos tentados para aplicar estas palabras duras de Jesús sólo a los más ricos. Francisco de Asís respondió al desafío de este pasaje renunciando a todas las riquezas de su familia. Sin embargo, en el Nuevo Testamento esto no es requerido. Gente rica como Lidia (Hechos 16:14), Febe (Romanos 16:1-2), Priscila y Aquila (Romanos 16:3-5) y Gayo (Romanos 16:23) jugaron un papel muy importante para la extensión del evangelio y abrieron sus casas para reuniones cristianas. La historia de Marcos nos enseña que, más importante que la renuncia a las riquezas, debemos renunciar a las actitudes que caracterizan al mundo de los ricos. Finalmente, si prestamos atención a la Palabra de Dios, veremos que, mientras que las demandas del discipulado podrían variar de una persona a otra, el discipulado toma la forma de la cruz para cada creyente.

Lo único que satisfará las demandas del Maestro, es le deseo de entregar todo a Jesús. Sin embargo, desde el punto de vista de nuestra salvación, la verdad que nos da gozo es que «lo que es imposible para el hombre es posible para Dios» (Lucas 18:27). Así que la pregunta para todos nosotros es la siguiente, ¿dónde estamos poniendo nuestra confianza, en lo que tenemos y en lo que podemos hacer, o en Jesús? Como el mártir misionero Jim Elliot escribió en su diario hace más de medio siglo: «No es ningún tonto aquel que deja todo lo que no puede retener para ganar lo que no puede perder».

Notas bibliográficas
1. Hayim Hahman Bialik and Yehoshua Hana Ravnitsky, eds., *The Book of Legends* [El libro de las leyendas](New York: Shocken Books, 1992), p. 601.
2. R.T. France, *The Gospel of Matthew* [El evangelio de Mateo] (Leicester, Eng: InterVarsity Press, 1985), p. 286.

Capítulo 5

UN SALARIO JUSTO POR EL TRABAJO

Palabras difíciles: «Toma lo que es tuyo, y vete; pero quiero dar a este postrero, como a ti. ¿No me es lícito hacer lo que quiero con lo mío? ¿O tienes tú envidia, porque yo soy bueno?» (Mateo 20:14-15).

Contexto bíblico: Mateo 20:1-16.

Verdad para recordar: Dios da su gracia a todos, más allá de los méritos y expectativas.

Una guía para nuestro recorrido

En el reino de Dios, los valores de este mundo están invertidos. La humildad es más que el orgullo; la dependencia y confianza más que la autonomía y la autodependencia; el compartir y dar con sacrificio más que el materialismo. Cuando los comparamos con los valores del mundo, en el reino de Dios las cosas son vistas de una forma totalmente diferente. Y la diferencia es mayor desde nuestro punto de vista o percepción cultural.

La parábola de la viña cambia completamente la situación. Los últimos serán los primeros y los primeros serán los últimos. A aquellos que han trabajado todo el día se les dará el mismo salario que a los que sólo trabajaron una hora. A primera vista, esto parece injusto. Pero cuando leemos con cuidado la cita bíblica, hallamos que había un acuerdo previo y que existían promesas. En realidad, la parábola de los obreros de la viña no trata de aquello que es justo; sino, habla de la generosidad del dueño de esas tierras. Como el dueño de esas tierras representa a Dios, sirve para que recordemos cuán grande es su gracia y su trato para con nosotros.

Este es el quinto capítulo de nuestro estudio de las palabras difíciles que encontramos en el Nuevo Testamento. La dificultad de algunas de ellas consiste en que son difíciles de ponerlas en práctica porque llama a los seguidores de Jesús a una vida que tiene un costo. Otras afirmaciones son llamadas «difíciles» porque son difíciles de entender. El enfoque en este capítulo recae sobre la segunda categoría. Cuando las personas hoy escuchan estas palabras, no es fácil que capten la enseñanza que Jesús estaba dando a sus discípulos.

En este capítulo vemos que Dios trata a todos, no sólo con justicia y equidad, sino también con generosidad. Su generosidad para con algunos no implica que está tratando a otros injustamente. Como resultado, este relato nos debe llevar a dar gracias a Dios por su justicia y gracia. Él hace «lo que es correcto» y va más allá de lo que uno puede esperar.

Todo lo que el hombre dijo fue: «A mí me gustaría regresar a los buenos viejos tiempos, cuando la vida era más fácil».

Su amigo sorprendido le dijo: «¡Déjame contarte sobre aquellas maravillosas épocas! En 1937 ó 1938, el sur de California tuvo un invierno muy frío. Los productores de naranjas sabían que habían perdido sus cosechas y también tenían miedo de perder sus árboles. Es así que contrataron a hombres para que mantuviesen el fuego de las estufas ardiendo las 24 horas del día».[1]

El hombre continuó relatando: «Mi padre fue uno de los hombres contratados para mantener vivo el fuego de esas estufas. Trabajó durante dos semanas entre 18 y 20 horas al día. Para entonces sus pulmones estaban llenos de humo, se enfermó y tuvo que tomar un día de descanso. Cuando regresó, al día siguiente, lo despidieron porque no era una persona de confianza». Y con más fuego en sus ojos que en la estufa, el hijo dijo: «No me hables de 'épocas maravillosas' en realidad, ¡nunca fueron tan buenas!»

La historia del hombre que trabajó con las estufas nos revela que desde 1930 hubo muchos cambios en las actitudes entre los dueños y los trabajadores. Sin embargo, si usamos esta historia como referencia para estudiar nuestra parábola, no entenderemos lo que Cristo quiso decir. Estas palabras de Jesús son difíciles de comprender, no hablan sobre relaciones laborales, aunque estas relaciones sean cruciales e importantes para que los trabajadores y los dueños trabajen juntos. Pero, de todas maneras, nos presenta otro aspecto sobre quien es Dios. Lo que vemos de inmediato nos pone en una situación de tensión entre nuestra perspectiva humana y la del Señor.

Entonces, miremos más de cerca el significado de las palabras de Jesús cuando dijo: «Toma lo que es tuyo, y vete; pero quiero dar a este postrero, como a ti. ¿No me es lícito hacer lo que quiero con lo mío? ¿O tienes tú envidia, porque yo soy bueno?» (Mateo 20:14-15).

El lado humano

¿Cuán importantes pueden ser seis letras? Necesitamos explorar las dimensiones de esta pregunta mientras trabajamos para entender lo que dijo Jesús cuando pronunció las duras palabras que empiezan así: «*Porque* el Reino de los cielos es semejante a un hombre, padre de familia, que salió por la mañana a contratar obreros para su viña» (Mateo 20:1 cursivas añadidas).

Sin meternos de lleno en una lección de gramática española, es importante notar que la palabra «*porque*» es una conjunción causal, una palabra que conecta dos oraciones o ideas. Es como un puente por el cual viajamos para pasar de una idea a otra y traemos todo el significado del primer concepto a la presente frase. En este caso, puesto que ya estamos al otro lado del puente, tenemos que regresar y mirar lo que dejamos atrás.

La palabra «*porque*», nos lleva a Mateo 19:30: «Pero muchos primeros serán postreros, y postreros, primeros». Este versículo nos obliga a fijarnos una vez más en la reacción de los discípulos ante la partida del joven rico. Un hombre que tenía todo, incluso dinero para comprar lo que él quisiera, decidió no ser un discípulo de Jesús porque el precio era demasiado alto. Entonces, los discípulos sorprendidos preguntaron: «…¿Quién, pues, podrá ser salvo?» (Mateo 19:25).

Los discípulos claramente no estaban satisfechos con la respuesta de nuestro Señor. Pedro con tristeza dijo: «Nosotros lo hemos dejado todo, y te hemos seguido; ¿qué, pues, tendremos?» (Mateo 19:27). La conversación que continuó le

Una salario justo por el trabajo

dio la oportunidad a Jesús para decir algo como sigue: «Como todo esto es verdad, déjenme contarles una historia». Después relató una de las parábolas más difíciles de todos los evangelios, la parábola del patrón y los obreros de su viña.

La historia de Jesús era un hecho que se daba en la vida diaria. En tiempos del Nuevo Testamento, el desempleo en Palestina era muy elevado. En algunos lugares y en distintas épocas del año, el 50 por ciento, de los hombres adultos, no encontraba trabajo. Buscaban a diario en el mercado algún trabajo que les permitiera sobrevivir. Estos hombres sin empleo se juntaban en un lugar central donde los señores contrataban los trabajadores necesarios para cada día. El sueldo predominante de un día de trabajo era un *denario*, el cual, de acuerdo a la ley, tenía que ser pagado al final del día trabajado. Los obreros necesitaban desesperadamente ese salario. Para que una familia pudiese subsistir, el padre tenía que llevar a casa por lo menos un *denario* al día.

Hasta este punto la historia de Jesús no crea ningún problema. Los discípulos presenciaban este drama en las ciudades cada mañana. De hecho, alguno de ellos fueron hombres de negocio antes de seguir a Jesús, quizá ellos mismos tuvieron que contratar a algún obrero para que trabajara un día. Tampoco se sorprendían que el dueño de algunas tierras regresara para contratar más trabajadores antes de que terminara el día. En tiempo de cosecha, los granos debían ser recogidos rápidamente, porque era probable que en un par de minutos el trabajo de todo un año fuera destruido por una gran tormenta.

Después, al final del día, cuando habían terminado el trabajo, la «tormenta» cayó. El dueño de las tierras decidió pagar a cada trabajador un denario, ya sea que hayan trabajado una hora o todo el día. Una vez que todos recibieron la paga, los que empezaron a trabajar primero esperaban ser recompensados con más de lo que habían acordado en el contrato original con el señor. Había monedas de menor valor que el *denario*. A los que les contrataron tarde se les pudo dar una moneda de menos valor. Puesto que recibieron el pago de un *denario* por menos de un día de trabajo, aquellos que trabajaron el día completo esperaban algo más.

En este momento sería muy revelador detenernos y reflexionar en este relato para ver cuáles de los personajes cuentan con nuestra simpatía. ¿El dueño de las tierras? ¿Los trabajadores que llegaron temprano? ¿Los que fueron contratados más tarde? Probablemente, muchos de nosotros nos identificamos con aquellos que trabajaron todo el día y se les dio sólo un *denario*. No fue justo. Después de todo, siempre insistimos, la vida debe ser justa. Lamentablemente, no hay misericordia en nuestra lógica que sólo busca nuestro propio beneficio.

Para nosotros es casi imposible no hacer de este relato un estudio sociológico, estudio de las relaciones laborales injustas. Sin embargo, esta historia no tiene como principal objetivo la paga recibida por cada trabajador. Esta es una historia acerca de Dios. Por eso, fijémonos en el lado divino de la parábola.

El lado divino

En nuestro apuro por corregir la injusticia en esta historia, somos tentados a leer sin prestar atención en la frase que abre esta parábola: «Porque el reino de los cielos es semejante a...» (Mateo 20:1). R.T. France dice: «Nosotros podemos parafrasear estas palabras y decir, 'esto es lo que pasa cuando Dios obra'».[2]

Una mirada rápida a otra parábola que Jesús relató sobre el reino de los cielos ilustra esta idea. «El reino de los cielos es semejante al grano de mostaza, que un hombre tomó y sembró en su campo» (Mateo 13:31). El reino de Dios no es comparado con el grano de mostaza en sí, pero la comparación debe ser hecha con el resultado. Jesús procuró decir algo semejante a esto: «Cuando Dios obra, es como el milagro que produce una pequeña semilla de mostaza al convertirse en una planta enorme». El énfasis no está en la semilla de mostaza, sino en lo que ocurre después de ser sembrada. Lo mismo ocurre en la parábola que estamos estudiando.

La pregunta que deseamos plantear es la siguiente: «¿Por qué el señor no actuó con justicia?» Pero, la pregunta correcta es: «¿En qué forma ilustra el dueño de la viña la manera en que Dios obra?» Estas palabras proveen tanto una advertencia como una esperanza. Advertencia para quienes piensan que pueden ganar el camino al reino de Dios por el valor de las cosas que dan, por el costo de su sacrificio o tamaño de su servicio. La esperanza está en descubrir cada vez más acerca de Dios. Ahora, vamos en esa dirección en nuestro estudio.

Dios es soberano. Muchos de nosotros no usamos la palabra «soberano» en nuestras conversaciones diarias. Estamos más familiarizados con los líderes electos democráticamente, a quienes se les ha delegado por una constitución política, poderes limitados. En el sentido que esta palabra se aplicó a Dios, soberanía implica que Él tiene poder ilimitado, absoluto y supremo sobre todas las cosas y sobre cada uno de nosotros.

Esta parábola revela a Dios como soberano. Note como el Dios soberano habla por medio de las palabras del dueño de la viña: «¿No me es lícito hacer lo que quiero con lo mío?» (v.15). Nuestra reacción puede ser: «Por supuesto que no. Hay reglas de conducta escrita y no escrita que todos conocemos y vivimos por ellas. Y, después de todo, no es justo». Sin embargo, Dios no es el líder elegido de un estado. Él es soberano y por eso no tiene ninguna obligación hacia nadie, ni siquiera con aquellos que regulan leyes justas de empleo.

El reino de los cielos es diferente a cualquier otro reino. Pocos líderes en la historia del mundo han tenido un poder absoluto. Aún hombres déspotas y malvados como Adolfo Hitler o José Stalin no tuvieron un control total. Ellos se convirtieron en dictadores por medio de intriga y manipulación. Mantuvieron el poder por medio de la violencia y conspiración. Sin embargo, Dios no llegó a su exaltada posición por la expulsión a otro dios o dioses, en una batalla cósmica. Él es, siempre fue y siempre será soberano del universo.

Tampoco Dios es un malvado conspirador en este mundo. Si Dios fuese malvado, de hecho, esta parábola tendría un mensaje devastador. Este es el Dios de la parábola del hijo pródigo, donde el padre (Dios) da a cada uno de sus hijos de acuerdo a sus necesidades.

Este es el Dios que, mientras moría como un ser humano en la cruz, miró hacia el ladrón que estaba a su lado y dijo: «De cierto te digo que hoy estarás conmigo en el paraíso» (Lucas 23:43). El ladrón no tendría que permanecer en una sala de espera hasta cumplir el tiempo requerido para ser ascendido, como acontece en el sistema militar.

Una vez más demuestra que su Reino es diferente a aquellos que conocemos en nuestro mundo. Mateo presenta 10 parábolas conocidas como las «Parábolas del Reino». En ellas, no muestra detalles y eventos que tienen que ver con el Reino en sí, pero define la misión de Jesús para establecer a Dios como el Rey. Que es otra forma de decir, «así será cuando Dios esté en control».

El Dios descrito en la parábola de los trabajadores de la viña, es un Dios de gracia. Escuche el mensaje central de esta palabra dura de Jesús: Dios no está atado a tradiciones y normas culturales, tampoco actúa en formas consideradas justas por los seres humanos. Esto es lo que hace de esta historia una palabra llena de gracia divina. Él nos da a cada uno de nosotros conforme a nuestras necesidades. La familia del hombre que

Una salario justo por el trabajo 57

tuvo que esperar hasta las cinco de la tarde para ser contratado, tenía tanta hambre como la familia de aquel que fue contratado a las seis de la mañana. Ninguna de las dos familias podía sobrevivir con menos de un denario al día.

La generosidad de Dios trasciende toda idea humana que hable de justicia. Si eso no fuese verdad, ninguno de nosotros conocería el poder de su gracia redentora. Ninguno de nosotros merece su perdón, tampoco podríamos hacer méritos suficientes por medio de nuestras buenas obras para comprar un boleto al cielo. Esta parábola demuestra que Dios no está en deuda con nadie. Cada regalo de su parte es una extensión de su gracia para que nadie reciba menos de lo que necesita y tampoco demandemos más de lo necesario.

De todas formas, nos preguntamos, «¿acaso no recompensa Dios a aquellos que son fieles a Él?» Sí, por supuesto, Él lo hace. Pero no como nosotros medimos las recompensas. Una de las mejores respuestas a esta pregunta se encuentra en una de las oraciones del siglo XVI: «Enséñanos a trabajar y a no pedir recompensas, guarda eso para cuando sepamos que hacemos tu voluntad».[3]

Notas bibliográficas
1. Estas estufas que quemaban petróleo, eran para calentar la atmósfera, y eran puestas entre los árboles de naranjos. Emitían un humo denso, negro y aceitoso. Algunas veces, en períodos de frío extensos, la contaminación del aire era tan grande que los conductores necesitaban encender las luces de sus vehículos aún en pleno día. Hoy es ilegal el uso de estas estufas. Ahora emplean calentadores de huerto mucho más eficientes.
2. R.T. France, *The Gospel According to Matthew* [El evangelio de acuerdo a Mateo], (Leicester, Eng: InterVarsity Press, 1985), p. 225.
3. Charles L. Allen, *When the Heart Is Hungry* [Cuando el corazón tiene hambre], (Fleming H. Revell Co., 1965), 144

Capítulo 6

POCOS SON LOS ESCOGIDOS

Palabras difíciles: «Porque muchos son llamados, y pocos escogidos» (Mateo 22:14).

Contexto bíblico: Mateo 22:1-14.

Verdad para recordar: Para ser incluidas las personas en la comunidad del pacto de Dios, deben responder correctamente a la invitación de ser discípulos de Jesús.

Una guía para nuestro recorrido

El contexto bíblico de este capítulo (Mateo 22:1-14) es el de la parábola de la fiesta de bodas. Para que la misma tenga sentido, debemos entender dos verdades:

Primero, la invitación del rey es a una fiesta, una celebración. Esta es una parábola del Reino. Y Jesús dice que el reino de los cielos puede ser comparado con una fiesta de bodas de la realeza. Es el deseo del Rey que nos unamos a Él para celebrar su gozo.

La segunda verdad que debemos entender es la diferencia entre ser invitado o ser escogido. La diferencia entre estos dos aspectos se encuentra en la respuesta a la invitación. Es un asunto de elección personal. Aquellos que no fueron escogidos fueron invitados, pero decidieron no responder a dicha invitación. El Rey extendió su invitación, y cada persona tuvo que hacer su decisión.

¿Cuál sería la reacción de las personas si una profesora con doctorado en economía le diría a un estudiante en su clase de economía internacional, «¿mami quiere contar los deditos de tus pies»?

Sospecho que nosotros llegaríamos a una de las siguientes conclusiones, que está loca y llamaríamos a los enfermeros vestidos de blanco, o diríamos que no tiene la capacidad suficiente para trabajar con gente joven y llamaríamos a alguien que tenga licencia profesional. Sin embargo, si estaría hablando con su bebé, aceptaríamos la conversación como algo normal, aunque sea alguien que tenga credenciales académicos.

Entonces, ¿cuál es la diferencia? No es la maestra. No son sus palabras. Es lo mismo. La diferencia está en los que escuchan sus enseñanzas. Muchas veces, como en el ejemplo de la profesora, el mensaje no puede entenderse sin conocer a la persona o personas a quienes se dirigen las palabras. De lo contrario, las palabras pueden ser fácilmente malinterpretadas, algunas veces con efectos devastadores.

Esa es la situación a la que nos enfrentamos hoy cuando escuchamos decir a Jesús: «Porque muchos son los invitados, pero pocos los escogidos» (Mateo 22:14 NVI).

El hecho de que estas palabras sean difíciles de entender han hecho que estén bien documentadas en la historia del pensamiento cristiano. Entendemos mejor su significado cuando las interpretamos a la luz del contexto en que se encuentran.

Jesús comparó la llegada del reino de los cielos con una fiesta de bodas. Para los huéspedes de esa ocasión tan especial, era costumbre recibir la invitación con bastante anticipación. Después, en el día cuando la fiesta estaba a punto de comenzar, se daría un aviso recordatorio de última hora a los que habían sido invitados. Esto significa que quienes rechazaron la invitación ya habían sido invitados y tuvieron el tiempo suficiente para enviar una respuesta legítima con las excusas correspondientes. Así que su rechazo fue un insulto serio hacia el rey.

La parábola representa una imagen del banquete de la boda mesiánica. El rey representa a Dios y el hijo del rey representa a Cristo. Los invitados son los judíos que esperaban la venida del Mesías. Los gentiles son aquellos que estaban en las calles y fueron invitados para llenar el salón para la fiesta. La muerte a los mensajeros representa la persecución de aquellos que proclamaban el mensaje de Cristo. La destrucción y los incendios de la ciudad son considerados por algunos expertos como una referencia a la destrucción de Jerusalén ocurrida en el año 70 d.C.

La reacción del rey hacia el hombre que no estaba propiamente vestido para la ocasión, puede parecer severa si consideramos que él estaba en la calle cuando lo metieron al salón del banquete. Sin embargo, algunos expertos sugieren que el rey había provisto a sus invitados con ropa de boda para la ocasión. A pesar de las costumbres, tenemos que entender que la vestimenta de este hombre era inaceptable porque constituía un insulto hacia rey. La nueva vida del creyente en el Nuevo Testamento es representada por sus trajes nuevos o sin manchas (Romanos 13:12-14; Gálatas 3:26-27; Colosenses 3:12; Apocalipsis 3:4; 19:8). La vida del creyente debe dar evidencia de la presencia de Cristo.

En este contexto, la palabra difícil de la parábola comienza a tener significado: Aquellos que no han sido escogidos se encuentran en la perdición, no porque fueron omitidos de la lista de invitados sino porque ellos no aceptaron la invitación. Y aquellos que afirman ser parte del Reino sin tener a Cristo en sus vidas, se engañan a sí mismos.

Durante años, esta «palabra difícil» de Jesús fue mal interpretada, abusada y comentada de muchas formas. Veamos algunas de ellas.

Un joven llegó a la oficina del entrenador por lo menos una hora antes del inicio de las clases. A las 7:30, el entrenador apareció con la lista de jugadores que clasificaron para ser parte del equipo principal de baloncesto. Pegó la lista en la pared y se retiró a su oficina.

De pronto se escucharon los gritos de gozo de los muchachos que fueron elegidos para formar parte del equipo y los lamentos de aquellos que no lo consiguieron. Los que jugarían en el segundo equipo no se sintieron animados por las palabras que el entrenador escribió al final de la página: «Muchos son llamados, pero pocos escogidos».

Un visitante llegó a una envasadora de tomates y le enseñaron el lugar donde los empleados recogían los tomates en mal estado y los tiraban. Antes de que terminara su visita, el guía le compartió una vieja broma al visitante, «muchos escogidos, pero pocos son seleccionados».

Por otro lado, una caricatura mostraba a un grupo pequeño de personas vestidas con camisetas de manga corta, que estaban en la nieve juntas para calentarse. La frase final decía: «Muchos tienen frío, pero pocos están congelados».

Como resultado de la Reforma Protestante, surgió un sistema teológico que va en dirección de lo que algunos creen que es la enseñanza general de éste y otros pasajes bíblicos. De acuerdo con sus propuestas, algunos son elegidos para ser salvos mientras que otros son elegidos para ser condenados. Esta elección la determina Dios. Es, dicen ellos, el cumplimiento de las palabras de Cristo cuando dijo: «Pues muchos son llamados, pero pocos los escogidos».

Como ya notamos, algunos juegos de palabra y una pobre teología fueron formulados con estas palabras. Nuestro deber en este capítulo es buscar entre los escombros para encontrar, hasta donde podamos, lo que Jesús quiso decir cuando afirmó: «Porque muchos son los llamados, y pocos los escogidos». Para empezar, veamos el panorama completo. Después, nos enfocaremos en las acciones que preceden estas palabras, y finalmente, estudiaremos las palabras en sí mismas.

La historia larga

Jesús no vivió como un artista de espectáculos, o como un malabarista en una feria renacentista. Esa es una ocupación más que honorable, pero no fue la misión de Jesús. Sin embargo, sin duda su vida pública estaba asediada por la tentación de querer capturar la atención y la lealtad de las personas por medio de «magia». Al principio, el diablo desafió a nuestro Señor para que se tirara del techo del templo, y le aseguraba que sería rescatado por ángeles y llevado a tierra a salvo (Mateo 4:6). ¡Algo como esto hubiera encantado a la audiencia! Al final, Jesús escuchó a las autoridades religiosas que se burlaban de Él y decían: «Si es rey de Israel, descienda ahora de la cruz, y creeremos en él» (Mateo 27:42).

Desde un principio Jesús estaba dedicado en la tarea de la redención, y enfrentaba oposición, la que le llevaría a la muerte. En Marcos 2 vemos cómo surge el conflicto. Sí, así es, capítulo 2.

Marcos nos relata cinco historias llenas de conflicto, empezando con la sanidad de un hombre en la sinagoga en un sábado (2:1–3:6). En ese momento tan temprano en su ministerio, Jesús firmó su sentencia de muerte. Sanó en un día sábado y ellos vieron que esa era una transgresión sumamente seria. Cuando mostró su poder para perdonar el pecado diciéndole al paralítico: «Levántate, toma tu lecho, y vete a tu casa» (2:11), también era considerado como violación de la ley. Antes de eso preguntó a los líderes religiosos: «¿Qué es más fácil, decirle al paralítico, 'tus pecados te son perdonados', o decirle, 'levántate, toma tu lecho y anda'?» (2:9). Ellos entendieron perfectamente lo que les decía: «Ustedes no pueden hacer ninguna de las dos cosas, pero yo puede hacer ambas». Él reveló ser Dios, verdad que no fue aceptada ni tolerada por la oposición. Así que decidieron matarle. Al final de la última de las cinco historias de conflicto narradas en Marcos, nos dice: «Y salidos los fariseos, tomaron consejo con los herodianos para destruirle» (3:6). ¡Vaya combinación! Los fariseos eran los más respetados y se les consideraba como religiosos devotos en toda la tierra. Y los herodianos eran los miembros de las comunidades de negocios que cooperaban con Roma, los conquistadores a quienes Israel odiaba.

Ambos, tanto los fariseos como los herodianos tenían mucho que perder si Jesús continuaba con sus enseñanzas revolucionarias. Desde el punto de vista de sus adversarios, Jesús tenía que ser detenido, no era una posibilidad, sino un asunto de cuándo y cómo.

Esta fue la historia larga, en que el enfoque de este capítulo bíblico es casi el capítulo final.

La historia corta

Los eventos de esta parábola, del banquete de bodas, ocurrieron el martes de la última semana que Jesús estuvo aquí en la tierra. Sin embargo, si queremos entender dichos eventos, tenemos que regresar al domingo previo. Ese día, Jesús entró en Jerusalén montado en un pollino. Lo conocemos como «la entrada triunfal» y lo celebramos el domingo de ramos. Todos los evangelios relatan la historia. Puede que Jesús hubiese visitado el templo el domingo por la tarde, pero la acción más destacada aconteció el lunes cuando «purificó» el templo. Destruyó todo lo que se había transformado en un negocio corrupto y en extremo beneficioso para algunos por la venta de animales para sacrificio.

Después, Jesús dijo: «Escrito está. Mi casa de oración será llamada; mas vosotros la habéis hecho cueva de ladrones» (Mateo 21:13). Luego regresó a Betania para pasar el martes por la noche.

El miércoles, los líderes religiosos desafiaron a Jesús cuando entró al templo. El sumo sacerdote y los maestros de la ley estaban enojados por lo que Jesús había dicho el día anterior. Después de esto, ellos «buscaban como matarle, porque le tenían miedo, por cuanto todo el pueblo estaba admirado de su doctrina» (Mateo 11:18). La necesidad de matarle era intensa. Solamente la multitud les retenía de hacerlo.

En una atmósfera inestable donde se necesitada sólo una pequeña chispa para que estallara una convulsión social, Jesús compartió tres historias, de las cuales este capítulo bíblico se centra en la última. Tanto la multitud como los líderes religiosos sabían que las historias que Jesús contó estaban diseñadas para revelar la hipocresía de aquellos que controlaban el templo y sus antiguas tradiciones.

En la conclusión de la primera historia, Jesús dijo a los líderes que se le oponían, «porque vino a vosotros Juan en camino de justicia, y no le creísteis; pero los publicanos y las rameras le creyeron» (Mateo 21:32). Después, Jesús contó la historia de unos inquilinos que alquilaron una viña y que mataron al hijo del dueño para quedarse con la propiedad. Luego, mirando los ojos de sus acusadores, dijo: «Por tanto os digo, que el reino de Dios será quitado de vosotros, y será dado a gente que produzca los fruto de él» (Mateo 21:43). ¿Es pura casualidad que Mateo diera este informe? «Y oyendo sus parábolas los principales sacerdotes y los fariseos, entendieron que hablaba de ellos. Pero al buscar cómo echarle mano, temían al pueblo, porque éste lo tenía por profeta» (Mateo 21:45-46).

La historia interna

Quizá sería correcto decir: «Así es como se ve la historia desde adentro». Observe las palabras claves que Jesús usó al principio de la historia conocida como la parábola de la fiesta de bodas. Jesús dijo, «*El reino de los cielos es semejante a* un rey que hizo una fiesta de boda a su hijo» (Mateo 22:2, cursivas añadidas).

Esta es una parábola del Reino. A menos que tengamos esta idea siempre presente, la parábola no podrá ser entendida y las palabras finales de Jesús perderán su sentido. El blanco inmediato de esta parábola del Reino, eran los líderes religiosos. Más allá de ellos, el pueblo del pacto está también implicado porque llegaron a la conclusión, que su posición especial con Dios los hizo un pueblo privilegiado sobre la tierra.

Ellos rechazaron una gran oferta. Tanto los líderes como el pueblo cambiaron la oportunidad de servir a otros porque creyeron que ellos merecían ser servidos. Ellos, como pueblo, rechazaron la invitación de Dios. Y aquellos que recibieron el segundo llamado a este banquete de bodas, no respondieron a la invitación. Si Mateo escribiera hoy, el relataría de la siguiente manera la reacción de la gente: «Unos dijeron, estoy muy ocupado». «En cambio otros se encogieron de hombros y siguieron su camino». No faltaba aquellos que se «reían», «tomaron la invitación a la ligera y se fueron». Esto fue un claro y deliberado rechazo a la invitación.

Ellos, obedientes a la esclavitud del dinero, «se fueron uno a su labranza, y el otro a sus negocios» (v.5). Recuerde que éste no es un libro de texto de economía, sino una parábola del Reino. En vez de sentirse honrados, no sólo rechazaron la invitación, además, mataron a los mensajeros. Recuerde la escena en el templo donde estas palabras fueron pronunciadas. Jesús, desafiado por los líderes religiosos, respondió con esta historia. Aquellos que lo escucharon estaban, en ese momento, buscando la forma de matar a quien hablaba de ellos.

Tenían que deshacerse de Jesús por miedo a que Él destruyera su economía, y en el proceso, los llevara a la bancarrota.

Nosotros también estábamos ahí. Esta es la enseñanza de Jesús en el templo, porque el pueblo del pacto y sus líderes rechazaron el mensaje de salvación, la invitación sería extendida a todas las personas. El rey les dijo a sus sirvientes: «Llamad a las bodas a cuantos halléis» (v.9). Nosotros somos aquellos que los siervos del rey encontraron.

Ahora la historia se hace más difícil para nosotros. Hasta aquí, el desafío era para el pueblo del pacto, pero eso cambia porque la invitación es para todos. Los líderes religiosos fallaron en guiar a las personas hacia una auténtica relación con Dios. Esto llevó a Dios a establecer una nueva comunidad del pacto.

Entre los que llegaron al banquete uno mostró poco respeto hacia el rey al no vestirse apropiadamente. Aunque este hombre fue invitado cuando estaba en la calle, su falla en no tomar seriamente la invitación, fue un insulto para el anfitrión.

Jesús dijo, Dios estaba en el proceso de establecer una nueva comunidad del pacto. Aún así, no habrá entradas gratis para la «gente de las calles», gentiles y pecadores. Aún cuando fueron invitados, no fueron bienvenidos hasta que no estuvieron dispuestos a cambiar y ser cambiados. Como William Barclay dice: «La gracia no es sólo un don: es una responsabilidad muy grave. El hombre no puede seguir llevando la vida que llevaba antes de encontrarse con Jesucristo. Debe vestirse con una nueva pureza, una nueva santidad y una nueva bondad».[1]

Por esto dijo Jesús: «Porque muchos son llamados, y pocos escogidos» (v.14). Ser un «invitado», según el término usado por Mateo, es ser uno que aceptó la invitación para ser huésped o miembro de un grupo selecto, el pueblo de Dios. Ser «elegido» identifica a quienes respondieron positivamente a los privilegios de la gracia de Dios y confían en Él para ser salvos. Ellos llegan a ser parte de la comunidad de creyentes.

La «palabra difícil» está ahí, y no será quitada por mucho que lo deseemos. Los primeros invitados insultaron al rey cuando rechazaron su invitación; los segundos lo ofendieron porque no se prepararon adecuadamente para el banquete. Nosotros tenemos la oportunidad de cambiar tales actitudes y responder de una forma que agrade al rey.

Notas bibliográficas
1. William Barclay, *Mateo II* [Mateo II], (Buenos Aires: Editorial La Aurora, 1973), p. 277.

Capítulo 7

«¿POR QUÉ ME HAS DESAMPARADO?»

Palabras difíciles: «Dios mío, Dios mío, ¿por qué me has desamparado?» (Mateo 27:46b).

Contexto bíblico: Mateo 27:32-50.

Verdad para recordar: En medio de la hora más difícil de cualquier cristiano, aún hay razón para tener esperanza.

Una guía para nuestro recorrido

Jesús había estado sufriendo la agonía de la cruz por seis horas cuando clamó: «Dios mío, Dios mío, ¿por qué me has desamparado?» En esas palabras descubrimos el verdadero tormento de la cruz. Él tuvo que soportar la humillación de ser arrestado y falsamente acusado. Toleró la vergüenza y el escarnio de los espectadores. Soportó el dolor físico de la crucifixión hasta la muerte.

Sin embargo, lo que causó su clamor con un profundo dolor fue la consecuencia de cargar con nuestros pecados y el sentimiento de abandono total, producido por ese acto de amor.

Este capítulo se halla en el corazón del evangelio. Daremos una mirada al doloroso precio que fue pagado por nuestra salvación. Para Cristo, fue el precio más grande que podía ser pagado. Y las palabras conocidas de Juan 3:16 nos recuerdan que el costo no fue menor para Dios el Padre.

Aun así, en medio del dolor y la soledad, Jesús nos recuerda algo que se le puede pasar por alto al lector casual de los evangelios. En su momento de mayor necesidad, aún había razón para tener esperanza. Necesitamos que nos hagan recordar cuál es la paga por el pecado. El costo es la separación de Dios y la muerte. También tenemos que recordar que Jesús soportó situaciones similares a las que podríamos enfrentar en nuestro camino. Por medio de su ejemplo aprendemos que en la hora más difícil en nuestra vida podemos clamar a nuestro Padre celestial. Él tiene cuidado de nosotros, nos escucha y nos responde.

En la oscuridad de la noche del 16 de octubre de 1860, John Brown y algunos compañeros estaban en el arsenal de Estados Unidos, en Harper´s Ferry, Virginia. Los historiadores lo conocen como un personaje astuto, peligroso y melancólico que se comparó con Cristo. Brown, tenía la esperanza de iniciar

«¿Por qué me has desamparado?»

una rebelión de esclavos en el sur de los Estados Unidos. Poco tiempo después, un pequeño grupo de infantes de marina liderado por el coronel Roberto E. Lee capturó a Brown. El estado de Virginia lo llevó a juicio y acusó a Brown de traición, asesinato e instigar la revuelta. Cuando su hermano rogó a Brown que alegara problemas mentales para evitar la pena de muerte, Brown dijo: «El digno propósito de mi vida, hace que sea, inconcebiblemente merecedor de ser colgado». Murió en la horca el 2 de diciembre de 1860.

El poder y la influencia de este extraño y problemático hombre continuaron aún después de su muerte. Para algunos líderes del norte que estaban contra la esclavitud, se convirtió en un verdadero héroe. Ellos imprimieron y distribuyeron el discurso de Brown antes de que sea sentenciado. En el mismo, Brown, dijo: «Si es necesario que yo deba sacrificar mi vida para promover justicia, y mezclar mi sangre con la sangre de mis hijos y la sangre de millones de esclavos en este país, cuyos derechos son ignorados por débiles, crueles e injustas actuaciones, yo digo, que así sea».[1]

La gente que se considera mártir, habla de esa forma.

Natanael Hale, profesor y capitán en el ejército Continental durante la Revolución Americana contra Gran Bretaña, fue capturado y ejecutado por espionaje. Sus últimas palabras, parte de la literatura heroica de los Estados Unidos, fueron: «Sólo me arrepiento de que tengo una sola vida que dar por mi país».[2]

Policarpo, obispo de Esmirna, fue ejecutado en el año 155 d.C. Cuando le dijeron que podía ser arrestado, decidió esperar a los soldados en vez de huir de la ciudad. El procónsul romano le dio la oportunidad de escoger entre maldecir el nombre de Cristo, ofrecer un sacrifico al César o morir. Policarpo respondió: «Durante ochenta y seis años le he servido (a Cristo) y Él nunca me hizo ningún mal. ¿Cómo puedo blasfemar contra el Rey que me salvó?»[3]

Los mártires son así. Llegan a su muerte convencidos de su causa y con la seguridad de que el futuro justificará sus acciones.

Aún así, en la cruz, Jesús «clamó a gran voz, ...Dios mío, Dios mío, ¿por qué me has desamparado?» (Mateo 27:46). La mayoría de nosotros no tenemos el valor, ni la necesidad de llegar a ser mártires. Sin embargo, los entendemos, al menos en parte. Nosotros podemos admirar o rechazar su mensaje, pero no es posible ignorar la fuerza de su dedicación a una causa, por la cual están dispuestos a morir.

Sin embargo, Jesús no era un mártir; Él era el Salvador. Sus palabras en la cruz revelan una dimensión de experiencias que nosotros no podemos imaginar, describir o definir. Y tampoco las podemos evitar. Sólo podemos entender un poco de este enigma, debemos tratar de hallar su significado porque estas palabras no sólo contienen misterio, sino también la magnificencia de la cruz.

«Dios mío, ¿por qué?»

Nosotros entendemos esta pregunta porque la hemos hecho frecuentemente en momentos de dolor y pérdida personales. En momentos de desesperación y fracaso. Cuando todo lo que consideramos sagrado fue pisoteado en el lodo. Cuando aquellos en quienes confiábamos nos traicionaron, preguntamos «¿por qué?» Muchos añaden a la pregunta, «Dios mío, ¿por qué?» Es una pregunta tan antigua como Job y tan fresca como la llamada telefónica con malas noticias recibidas esta mañana.

No nos debería sorprender que Jesús haya expresado algunas emociones humanas mientras lo crucificaban. O, en otras palabras, sólo seremos sorprendidos si concluimos que Dios, no el Dios-Hombre, estaba colgado en la cruz. El apóstol Pablo hizo recordar a los creyentes en Filipos que Él, «siendo en forma de Dios, no estimó el ser igual a Dios como cosa a que aferrarse, sino que se despojó a sí mismo, tomando forma de siervo, hecho semejante a los hombres» (Filipenses 2:6-7). Ciertamente, todo lo que nos enseña la unión entre Dios y el hombre acontecida en el pequeño establo de Belén, señala que, al final, aquél que murió en la cruz sufrió como ser humano.

La versión de la Biblia de lenguaje popular, *Dios Habla Hoy*, captura la misma idea cuando nos dice que: «Aquél que es la Palabra se hizo hombre y vivió entre nosotros» (Juan 1:14). Como humano, Jesús mostró sus emociones y participó por completo de las experiencias humanas. Estuvo cansado y enojado, como lo estuvieron los discípulos y nadie pone en duda su humanidad. Expresó un amor muy humano a su madre desde la cruz. ¿Por qué, entonces, nos sorprende que Él haya hecho la misma pregunta que tantas veces nosotros mismos hicimos: «¿por qué?»?

Sin embargo, la muerte de este hombre no se compara con ninguna otra muerte en la cruz. Al mediodía de ese famoso viernes, la oscuridad de la noche cayó sobre la tierra. Durante tres horas, la gente fue cubierta con lo que los antiguos veían como símbolo del descontento de Dios. En el pasado la oscuridad significaba juicio y así sería en el futuro. Ocho siglos antes, el profeta Amós habló de un tiempo en el que Dios estaría interviniendo en la historia, primeramente con juicios. Él preguntó: «¿Para qué queréis este día de Jehová? Será de tinieblas y no de luz» (5:18). Sofonías lo identificó como el día de «la ira de Jehová» (2:2).

Por eso, mientras exploramos los límites de este gran enigma, debemos mirar más allá de lo estrictamente humano.

«Dios mío, ¿por qué me has desamparado?»

La ceremonia matrimonial tradicional incluye estas palabras, «¿te conservarás sólo para él (o ella) mientras los dos viviereis?»

Sabemos que estas palabras son una promesa, un compromiso para vivir en absoluta pureza sexual. Cuando estamos de acuerdo con esas palabras, entramos en un pacto para excluir todo lo que interfiera esa intimidad, que es el centro del matrimonio. Abandonamos a todos los otros o a todas las otras, sólo para estar con una persona.

«Abandonar» captura la esencia completa de las palabras que Jesús pronunció en la cruz. Fuera de la ceremonia matrimonial no usamos frecuentemente la palabra «desamparar». Sin embargo, entendemos la palabra «abandonar», nos referimos a niños abandonados y vemos desesperanza en sus ojos. Hablamos de edificios abandonados y notamos el vacío. Escuchamos de barcos abandonados y los imaginamos sin dueño, sin rumbo, ni futuro. Escuchamos las palabras vacías y tristes de un esposo abandonado. Algunos de nosotros conocemos momentos en los cuales nos sentimos separados de Dios cuando, aparentemente, nuestras oraciones rebotaban en el techo. O como los pioneros de la fe solían decir: «Los cielos estaban cerrados». «Abandono», es parte de nuestro vocabulario.

Cuando Jesús clamó a gran voz: «...Dios mío, Dios mío, ¿por qué me has desamparado?» (Mateo 27:46), parece que experimentó el abandono divino. ¿Es posible que nosotros comprendamos las palabras de Jesús?

Por lo general, la Biblia es el mejor comentario sobre la misma Biblia. Parece que esa es la situación aquí. Empecemos nuestra búsqueda en el libro de Hebreos, donde el autor muestra cómo Jesús se transformó en la extensión y cumplimiento del trabajo de los sumos sacerdotes. Ellos servían como puentes entre la tierra y el cielo, entre la humanidad pecaminosa y el Dios santo.

Entre las obligaciones rituales practicadas por los sacerdotes, estaba la ofrenda de sacrificio a Dios por los pecados de la

«¿Por qué me has desamparado?»

gente. «Pero», dice el autor de Hebreos, «en estos sacrificios cada año se hace memoria de los pecados» (10:3). En otras palabras, los sacrificios recordaban a las personas que eran pecadores, pero, no les daban esperanza de liberación de los pecados en el futuro.

Pero, el autor declara: «Por tanto, teniendo un gran sumo sacerdote que traspasó lo cielos, Jesús el Hijo de Dios...» (4:14). Y las buenas noticias continúan: «Pero Cristo, habiendo ofrecido una vez para siempre un solo sacrificio por los pecados, se ha sentado a la diestra de Dios...» (10:12). Y, ¡aún hay más! «...no tenemos un sumo sacerdote que no pueda compadecerse de nuestras debilidades, sino uno que fue tentado en todo según nuestra semejanza, *pero sin pecado*» (4:15, cursivas añadidas).

El autor de Hebreos explica cómo Jesús se transformó en nuestro redentor, «por cuanto los hijos» (usted, yo y las personas de todos los tiempos) «participaron de carne y sangre, él también participó de lo mismo, para destruir por medio de la muerte al que tenía el imperio de la muerte, esto es, al diablo, y librar a todos los que por el temor de la muerte estaban durante toda la vida sujetos a servidumbre» (2:14-15).

En este punto, nos ayudaría ver esta verdad desde un ángulo diferente. Mirémoslo desde el punto de vista del apóstol Pablo. Él escribió: «Al que no conoció pecado, por nosotros lo hizo pecado, para que nosotros fuésemos hechos justicia de Dios en él» (2 Corintios 5:21). Estas palabras nos acercan al momento de tinieblas que cayó como un manto sobre el Calvario. Una oscuridad que causó un clamor de abandono.

En el centro de este misterio del Calvario, se encuentran las siguientes palabras: «Al que no conoció pecado, por nosotros lo hizo pecado». «Hasta este momento», escribe William Barclay, «Jesús había pasado por todas las experiencias de la vida, menos una: no había conocido las consecuencias del pecado. Ahora bien, si algo hace el pecado, es separarnos de Dios… En ese momento terrible, horrendo, Jesús se identificó real y verdaderamente con el pecado del hombre».[4]

En el corazón de la historia de la cruz hay un sentimiento de fracaso. Aquél que vino a salvar al mundo, moría en la cruz con el mundo, sin que este sea aún salvo. Sus amigos se habían dispersado, nadie entendió porque permitió que lo ejecutaran. Todo lo que la gente veía era un sueño desvanecido.

Aunque aquí, también, se encuentra la magnificencia de la cruz. Un examen más cercano de esta última semana en Jerusalén revela que Cristo no fue la víctima. Él estaba en control de su destino. En Getsemaní, luchó con la tentación para encontrar un camino más fácil. Luego, después de haber escogido seguir la voluntad del Padre, esperó que llegara Judas y los soldados. La noche que permitió que los discípulos huyesen, podrían también haberlo protegido a Él. A pesar de eso, escogió morir por nuestros pecados. Antes había dicho: «…porque yo pongo mi vida para volverla a tomar. Nadie me la quita, sino que yo de mí mismo la pongo…» (Juan 10:17-18).

Muchos de aquellos que observaban a Jesús en la cruz le desafiaron a que salvase su vida y bajase de la cruz, «…descienda ahora de la cruz, y creeremos en él» (Mateo 27:42). Sin embargo, es por no bajar de la cruz que se transformó en nuestro Salvador. Los judíos sólo vieron en Él un Mesías poderoso; pero el Dios Mesías se caracterizó por un amor que lo llevó al sacrificio.

La cruz más que abandono, significó victoria. Juan nos dice que después del clamor de abandono, Jesús dijo: «¡…Consumado es…!» (19:30). Lucas nos dice que antes de terminar su obra redentora, Jesús dijo: «…Padre, en tus manos encomiendo mi espíritu. Y habiendo dicho esto, expiró» (23:46).

«¿Por qué me has desamparado?»

La oscuridad desapareció, la luz retornó, la esperanza renació, y con ella, la seguridad de que Dios no abandonó a su Hijo eternamente y tampoco nos abandonará. De esta forma vemos que la cruz es transformada, de un instrumento de terror y muerte, en símbolo de vida y gozo. Ahora podemos cantar junto con el escritor de este himno:

En la cruz de Cristo me glorío,
Por el resto de mi tiempo.
Toda la luz de la historia sagrada,
Rodea su sublime cabeza.
Maldición y bendición, dolor y placer
Son santificados por la Cruz;
Paz que no conoce límites,
Gozo que perdura por la eternidad.[5]

Notas bibliográficas
1. James M. McPherson, *Battle Cry of Freedom* [Grito de batalla por libertad],(New Cork: Oxford University Press, 1988), p. 209.
2. The Connecticut Society of the Sons of the America Revolution. http://www.ctssar.org/patriots/nathan_hale.htm. Accessed January 24, 2004.
3. Kirsopp Lake, Martyrdom of Policarp. http://www.earlychristianwritings.com/text/martyrdompolycarp-lake.html. Accessed January 27, 2004.
4. William Barclay, *El evangelio de Marcos* (Buenos Aires: Editorial La Aurora 1974), pp. 372-373.
5. John Bowring, 1825

Capítulo 8

«No pasará esta generación»

Palabras difíciles: «De cierto os digo que no pasará esta generación hasta que todo esto acontezca» (Mateo 24:34).

Contexto bíblico: Mateo 24:1-14,30-35.

Verdad para recordar: Las palabras de Jesús con respecto al fin de los tiempos, nos llaman examinar nuestra preparación personal mientras calmamos nuestro entusiasmo prematuro.

Una guía para nuestro recorrido

El huerto de Getsemaní y la cruz están a sólo tres días, y los discípulos se encuentran preocupados. ¡Sucede algo raro! Ven que la confrontación entre Jesús y los líderes religiosos va en aumento y saben que hay gente que quiere matar a Jesús. Ellos no entienden que están ocurriendo hechos increíbles como su entrada triunfal a Jerusalén, y temen preguntarle a Jesús qué es lo que Él quiere decir cuando anuncia que morirá. Estos fieles seguidores de Cristo creen que lo que les dijo es verdad, pero si Él va a morir, no entienden como cumplirá con todas sus promesas.

Mientras los discípulos se acercan a la sombra de la cruz, seguramente sienten que algo de gran importancia está a punto de ocurrir. ¿Pero que será? Su pregunta acerca «del fin de los tiempos» representa un intento por resolver los temas de conflicto que les están causando problemas. A medida que Jesús responde a sus preguntas, también trata con muchas de nuestras preocupaciones.

La mayoría de las personas tienen un gran interés en el futuro. Esto es comprensible. ¡Ahí es donde pasaremos el resto de nuestra vida! Sin embargo, asombrosamente, mientras estamos preocupados por el futuro, pocas personas pasan tiempo preparándose para ese acontecimiento. Por supuesto, no podemos dibujar un plan de acción detallado, porque el futuro, por definición, es desconocido. Lo poco que podemos saber viene de los labios de Jesús. En Mateo 24, Él nos da un discurso extendido del «fin de los tiempos».

Era martes, de la semana santa. Jesús había visitado el templo por última vez. Cumplió con su ministerio público a las multitudes. El resto de su tiempo lo dedicaría preparando a sus discípulos para los eventos del viernes.

Mientras Jesús y los discípulos dejaban el área del templo, alguno de ellos expresaron asombro por la grandeza del edificio. Es poco probable que algunos de ellos hubieran visto algo parecido que supere la belleza del templo de Herodes.

La construcción de la estructura principal del templo tomó 10 años (19-9 a.C.). Sin embargo, la construcción del resto de las salas del templo, para cuando Jesús estuvo allí con los discípulos, aún no estaba terminada. Se necesitaron 83 años para construir todo el edificio, así que no estuvo completo hasta el año 64 d.C. Fue construido con mármol blanco y laminado con oro. Las piedras de las esquinas del templo, que fueron encontradas, miden entre 6 y 12 metros de largo, y pesan más de 100 toneladas cada una. Es por eso que los discípulos dijeron: «...Maestro, ¡mira qué piedras y qué edificios!» (Marcos 13:1).

Lo que nos impresiona es la respuesta Jesús: «...De cierto os digo, que no quedará aquí piedra sobre piedra, que no sea derribada» (Mateo 24:2).

Esa tarde, los discípulos estaban con Jesús en el monte de los Olivos, preocupados por lo que les dijo sobre la destrucción del templo. La idea era tan alarmante que ellos pensaban que el Maestro se estaba refiriendo al fin de los tiempos. Entonces, le plantearon una pregunta que tiene dos partes: ¿Cuándo va a ocurrir esto? ¿Qué señales nos dirán que eso estará a punto de suceder?

Su pregunta erróneamente daba por sentado que la destrucción del templo iba a ocurrir cuando Cristo viniese a establecer su Reino en el «fin de los tiempos». En su respuesta, clarificó el tema haciendo una distinción entre el fin del templo y el final de los tiempos.

El fin del Templo: Jesús habló de la destrucción del templo en Mateo 24:15-25. Hizo una referencia específica a las profecías de Daniel. En la primavera del año 70 d.C., Tito con las tropas romanas sitió a Jerusalén. Una tarde de verano rodearon el templo y al día siguiente fue destruido por causa del incendio. Más o menos 6,000 personas que buscaron refugio en el templo, perecieron. Las paredes fueron derribadas y los objetos sagrados llevados a Roma.

El final de los tiempos: En Mateo 24:25-31, Jesús se refería a la venida del Hijo del Hombre al final de los tiempos. El Apocalipsis nos dice que no habrá necesidad de un templo en el cielo. Y es «porque el Señor Dios Todopoderoso es el templo de ella, y el Cordero» (Apocalipsis 21:22).

En respuesta a sus preguntas, y tomando en cuenta sus preocupaciones, Jesús habló de advertencias, señales y promesas.

Advertencias

Jesús dio a sus discípulos más de lo que ellos le habían pedido. Le preguntaron por tiempos y señales de los eventos venideros, Él les dio advertencias. Su mensaje era claro: Estén informados y tengan cuidado.

Engaño: Jesús estaba muy preocupado por aquellos que intentarían engañar a sus seguidores. En este corto discurso, Jesús habló sobre esos engañadores (Mateo 24:4,5,11,23,24,26). Líderes falsos vendrán a enseñar su propio mensaje. Atraerán seguidores devotos. Algunos harán «señales y milagros» (v.24). Otros predicarán mensajes mesiánicos sobre sí mismos. Tres veces, en este pasaje, Jesús les advierte que ellos engañaran a muchas personas (vv.5,11,24). La medida de cualquier líder espiritual es la vida de Cristo. La pregunta a plantearse es: «¿Son las personas atraídas por el maestro en cuestión, o dirigidas hacia Cristo?»

Persecución: Jesús no dijo que sus seguidores tendrían un camino fácil. Advirtió que serían odiados por causa de Él. Aclaró que aquellos que estaban dispuestos a seguirle tendrían que cargar su cruz, enfrentarían persecución y experimentarían sufrimiento y muerte. Cuando los apóstoles fueron perseguidos, se regocijaron «...de haber sido tenidos por dignos de padecer afrenta por causa del Nombre» (Hechos 5:41).

Apostasía: El hecho cierto, para cada creyente, es el cambio. Cuando Cristo viene a nuestra vida, no podemos seguir siendo los mismos. Aquellos que no se rinden a los cambios que Él pide, empezarán a odiar y rechazar esos cambios y los percibirán como demandas irracionales e imposibles.

Cristo nos advierte que muchos le abandonarán. Cuando ellos lo hagan, habrá engaño y odio. El Señor dio esta advertencia por dos razones. Primero, debemos estar conscientes para que ellos no nos aparten de la verdad. Segundo, debemos tener cuidado para que no seamos contagiados por el odio que se asocia a los sentimientos de traición.

Indiferencia: «Por haberse multiplicado la maldad», nos advierte del enfriamiento espiritual que caracterizará la vida de muchos que claman ser seguidores de Cristo (Mateo 24:12). Se nos advierte que nuestro testimonio distintivo puede verse comprometido por nuestra indiferencia hacia la maldad del mundo. El Señor nos pide que evitemos la tendencia natural a enfriarnos, avivando el fuego de Dios que está en nosotros: «Por lo cual te aconsejo que avives el fuego del don de Dios que está en ti por la imposición de mis manos. Porque no nos ha dado Dios espíritu de cobardía, sino de poder, de amor y de dominio propio» (2 Timoteo 1:6-7).

Señales

En otra ocasión, algunos que criticaban a Jesús, le pidieron señales, y Él les llamó «generación mala y adúltera» (Mateo 12:39). Sin embargo aquí, la pregunta la plantearon sus seguidores más fieles. «¿Cuándo serán estas cosas y que señal habrá de tu venida y del fin del siglo?» (Mateo 24:3).

Principio de dolores de parto: Jesús usa las mismas imágenes del profeta Jeremías para hablar sobre aquellas situaciones que las personas normalmente piensan que son «señales» (Jeremías 6:24). El Señor dice que es como el principio de dolores de una mujer que está dando a luz. Estos dolores vendrán y se irán por un tiempo. Menciona específicamente guerras, rumores de guerra, nación contra nación, reino contra reino, hambrunas y terremotos. Comenta que son señales de todo lo que debe ocurrir. Y aún después de que ocurran, habrá un tiempo de espera hasta que llegue el final. Su consejo: No se alarmen por estas cosas.

Testimonio a todas las naciones: La tarea que Cristo encomendó a su iglesia, es la proclamación de las buenas nuevas al mundo. Esta misión es tan importante que nuestro Señor dijo que el final de los tiempos no llegará hasta que la tarea sea cumplida. Para los apóstoles que escucharon estas palabras de Jesús, obediencia normalmente significaba predicar el evangelio a oyentes que no querían escuchar el mensaje. Es por eso que están incluidas junto con las palabras de Jesús que hablan de la persecución y apostasía. En el evangelio de Marcos esta palabra profética de predicar a todas las naciones, es seguida por la garantía de que el Espíritu Santo ayudará y capacitará a aquellos que comparten estas buenas nuevas.

La señales del Hijo del Hombre: Cuando los discípulos vinieron a Jesús con sus preguntas, le pidieron una señal de su venida al final de los tiempos. Ahora, Él les habla acerca de la venida del Hijo del Hombre. La palabra que usó para describir su venida es *parousia*. Es un término usado para anunciar la presencia o llegada de un gobernante. Su aparición será repentina y claramente visible, como un rayo.

En este punto, Jesús habló a sus discípulos sobre la señal que ellos debían esperar: «Entonces aparecerá la señal del Hijo del Hombre en el cielo; y entonces lamentarán todas las tribus de la tierra, y verán al Hijo del Hombre viniendo sobre las nubes del cielo, con poder y gran gloria» (Mateo 24:30).

«No pasará esta generación»

En las dos ocasiones, cuando le pidieron a Jesús que dé alguna señal, Él dijo: «Pero señal no le será dada, sino la señal del profeta Jonás» (Mateo 12:39; 16:4). Esa señal fue la resurrección (del interior del gran pez, para Jonás) de Cristo, del interior de la tierra. Aquí, Jesús, una vez más, muestra una señal de su resurrección (Mateo 24:30).

La lección: En Palestina, los árboles de higo eran diferentes a muchos otros árboles porque perdían sus hojas durante el invierno. Jesús dijo que cuando las ramas empezaban a mostrar señales de vida, era una indicación de que el verano llegaría. De la misma manera, sus seguidores sabrán que la venida del Hijo del Hombre está cerca cuando vean estas señales: intentos de engañar a la gente para que no vayan a Cristo, persecución a los creyentes, apostasía, indiferencia, el testimonio del evangelio en todas las naciones. En vez de preocuparse sobre cuándo será la venida, debemos estar listos para cuando Él venga.

Promesas

Jesús dejó claro que habría momentos de gran calamidad antes de que llegue el fin. Es por eso que nos dio la promesa de su presencia.

Podemos estar firmes: El mensaje de nuestro Señor sobre el fin de los tiempos no es de tristeza ni perdición, sino de salvación: «Más el que persevere hasta el fin, éste será salvo» (Mateo 24:13). Cuando Jesús nos habla respecto a los tiempos de calamidad que vendrán, afirma lo siguiente: «Ya os lo he dicho antes» (Mateo 24:25). En el relato de Marcos, ese versículo es precedido por una frase que nos ayuda a comprender mejor: «Mas vosotros mirad; os lo he dicho todo antes» (Marcos 13:23). Por esta razón Jesús nos advirtió con anticipación, para que estemos preparados, de esa manera cuando los eventos vengan no nos sorprenderán.

Cielo: Cuando el Hijo del Hombre aparezca en las nubes con poder y gran gloria, los redimidos se reunirán para estar con Él en el cielo. La trompeta dará una nota de victoria, y los comprados por la sangre de Jesús vendrán de las cuatro esquinas de la tierra.

Conclusión

Las palabras de Jesús permanecerán. Un día este mundo desaparecerá, pero Dios y su verdad permanecerán para siempre. ¡Estas son buenas noticias! Quiere decir que no hemos sido abandonados; Dios está obrando para nuestro beneficio. Significa que no tenemos que sentirnos abrumados por lo que vendrá. Porque nuestros caminos están dedicados al Señor, podemos confiar en Él. Significa que debemos estar listos, de esa manera, aun cuando ocurra lo peor, nuestra comunión con Él nos llevará a su presencia.

Años atrás un joven dramaturgo le pidió a Carlos Sandburg que vaya a la presentación de su obra de teatro y le diera algún consejo. Sandburg fue, pero se durmió durante toda la obra de teatro. Más tarde, el joven dramaturgo se quejó e insistió que deseaba la opinión de Sandburg. Sandburg le contestó: «Dormir es una opinión».

¡Y esto es cierto! Dormir es una opinión. Algunos, como Rip Van Winkle, pueden dormir en medio de una revolución. Algunas personas, tristemente, estarán dormidas (dormitando espiritualmente) cuando Jesús regrese. Sin embargo, si permanecemos en comunión con Él y constantemente seguimos sus enseñanzas, estaremos preparados para su venida.

Capítulo 9

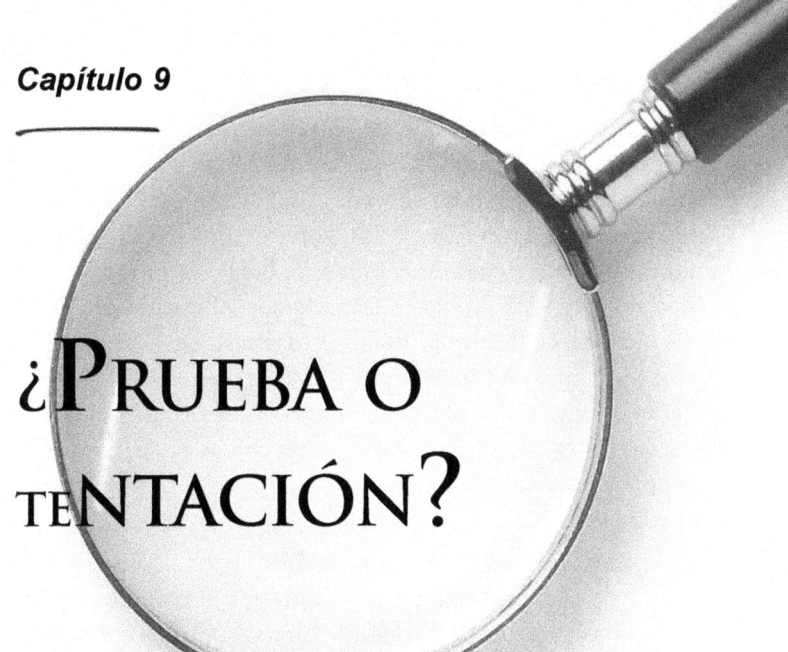

¿Prueba o tentación?

Palabras difíciles: «Hermanos míos, tened por sumo gozo cuando os halléis en diversas pruebas, sabiendo que la prueba de vuestra fe produce paciencia» (Santiago 1:2-3).

Contexto bíblico: Santiago 1:2-18.

Verdad para recordar: Dios prueba a sus hijos para fortalecer su fe, nunca los tienta para que pequen.

Una guía para nuestro recorrido

A medida que continuamos con la lectura de este libro, ya no debería sorprendernos que algunos pasajes bíblicos sean difíciles de comprender. Desde que se escribió el Nuevo Testamento pasaron más de 1900 años, y muchas diferencias culturales nos separan de la gente de la iglesia primitiva. Sin embargo, después de haber completado el estudio de ocho capítulos de «palabras difíciles», estamos en el momento oportuno para recordar lo estudiado y reconocer que ¡las Buenas Nuevas son eternas! Damos testimonio que Dios honró nuestra búsqueda diligente con verdades de su Palabra que son relevantes y útiles.

En los últimos ocho capítulos nos hemos concentrado en las afirmaciones de Jesús que son difíciles de comprender y difíciles de escuchar. Este capítulo marca el cambio: Ahora veremos las «palabras difíciles» de otros escritores del Nuevo Testamento y empezaremos con el libro de Santiago.

Los eruditos de la Biblia afirman que Santiago o Jacobo, el mayor de los hermanos de Jesús (Mateo 13:55), es el autor del libro que lleva su nombre. Fue reconocido como un líder cuando la iglesia tenía serios desacuerdos y discusiones en Jerusalén (Hechos 15:13-21). El momento en que Pedro fue liberado de la cárcel, los primeros que lo supieron fue «Jacobo y los hermanos» (Hechos 12:17). El día que Pablo fue a Jerusalén, «fue a ver a Jacobo y se hallaban reunidos con todos los ancianos» (Hechos 21:18). Jacobo vivió como un judío que cumplía estrictamente la ley, pero también demostró aceptación y tolerancia hacia los cristianos gentiles.

El libro de Santiago es una carta para toda la iglesia, nos dice cómo debemos practicar la vida cristiana, especialmente cuando nos enfrentamos a grandes dificultades. Si Santiago tendría que dar sólo una palabra de consejo para ayudar a los creyentes, diría, «paciencia». Esta palabra o consejo juega un papel importante en la vida cristiana porque nos ayuda a madurar en nuestra fe. Con paciencia aprendemos a confiar completamente en Dios. Santiago estaba preocupado por la conducta de aquellos que creían en Cristo, por eso enseña a sus lectores cómo deben vivir su fe.

Los discípulos esperaron hasta que Jesús terminara su oración. Después, le pidieron: «Señor, enséñanos a orar» (Lucas 11:1). Aún ahora, casi 2,000 años más tarde, cualquier creyente puede repetir las palabras que Jesús enseñó a sus discípulos. En realidad, las repetimos con tal facilidad que casi no entendemos lo que decimos. «Y no nos metas en tentación» (Lucas 11:4).

¿Cuál es la razón? ¿Por qué Jesús nos enseñaría esa oración? ¡No hay duda que Dios nunca nos metería en tentación! ¿Cómo relacionaremos lo que Jesús nos enseñó con éstas palabras?: «Dios no puede ser tentado por el mal ni Él tienta a nadie» (Santiago 1:13).

Mientras estudiemos de cerca Santiago 1:2-18, esa es la pregunta clave que responderemos a lo largo de este capítulo.

La fe persevera por medio de las pruebas

Probablemente fue más difícil para Santiago aceptar a Jesús como el Mesías que para los otros que le seguían, sencillamente porque Jesús era su hermano (Mateo 13:55; Marcos 6:3; Gálatas 1:19). Durante el tiempo del ministerio de nuestro Señor, sus hermanos, entre ellos Santiago, no parecían estar convencidos de que Jesús era el Cristo (Juan 7:5). Sin embargo, algo ocurrió que cambió completamente la vida de Santiago. ¿Sería la aparición de Cristo después de la resurrección? (1 Corintios 15:7). Realmente no lo sabemos. De cualquier manera, cuando Santiago se convirtió en creyente, su fe lo cambió de tal manera que llegó a ser un pilar en la iglesia (Hechos 12:17; 15:13; 21:18; Gálatas 2:9).

Para Santiago, la fe en Cristo era una experiencia vital y transformadora. No era tanto una declaración de creencias doctrinales, sino esa fe viva, como una expresión de un corazón transformado. Quería que la vida de los cristianos sea digna de la fe que profesaban en Jesús, como el Cristo. Santiago no podía estar satisfecho sólo con un entendimiento intelectual acerca de Jesús como el Mesías. Eso no sería suficiente porque sabía que la fe en Cristo implicaba conocerlo a Él personalmente y seguirlo diariamente.

Veamos versículo por versículo para comprender lo que Santiago dijo sobre lo que significa probar nuestra fe.

Las pruebas no deberían matar el gozo (v.2): Al comienzo de la carta, Santiago se enfoca en cómo practicar una vida de fe cuando enfrentamos diversas pruebas y dificultades. Esta nueva vida en Cristo era radicalmente tan diferente de la perspectiva del mundo, que las palabras de Santiago parecen, al principio, poco realistas.

Él escribía a una iglesia que sabía por experiencia propia lo que era la persecución. En esta carta hace mención de sus pruebas y les anima a perseverar. Lo que ellos enfrentaron, no eran meros inconvenientes a causa de Jesús, sino una lucha por salvar sus vidas. Muchos creyentes perdieron todo cuando huyeron de sus casas en busca de seguridad. La iglesia había sido esparcida, por tanto, para ellos era común estar separados de sus familias y amigos. Aquellos que no habían sido separados geográficamente de sus seres queridos, lo estaban espiritualmente. Fue a esta iglesia perseguida que Santiago dio este aviso: «Gozaos profundamente cuando os halléis en diversas pruebas» (v.2). Note que la palabra «gozo» no expresa claramente lo que quiso decir. Les dijo que enfrentasen sus pruebas con «gozo profundo». La palabra griega que se traduce como «profundo o abundante» quiere decir «todo», «completo» o «cada». El dijo que el gozo de ellos debía ser real, no falso o fabricado. El gozo de ellos podía ser genuino, a pesar de las circunstancias difíciles.

Las pruebas tienen un propósito (vv.3-8): Hay una cualidad indispensable en la vida cristiana llamada «perseverancia». Santiago nos dice que las pruebas vendrán, son inevitables. Cuando lleguen, aquel que cree en Jesucristo experimentará un gozo genuino. Hay razones por las cuales el gozo puede estar por encima de nuestras dificultades: Porque Dios es el que continúa redimiendo; porque nos prometió que todo sería para nuestro bien a pesar de las situaciones desagradables y porque la prueba de nuestra fe produce paciencia.

Santiago dice: «Sabiendo que la prueba de vuestra fe produce paciencia. Pero tenga la paciencia su obra completa, para que seáis perfectos y cabales, sin que os falte cosa alguna» (vv.3-4). La palabra griega aquí traducida como «paciencia» significa «soportar». En el contexto de Santiago 1:3-4, significa la habilidad de «soportar con valentía», «perdurar pacientemente», «sujetarse con firmeza con buen ánimo», o «permanecer constante a pesar de oposición y desánimo». La versión popular de la Biblia dice: «Sometidos a prueba». Cualquiera sea la traducción en español, la palabra significa que aprendemos a perdurar cuando estamos bajo presión.

Dios usa las presiones y los desafíos en nuestra vida para formar un carácter firme, de todos modos, esa es la garantía que nos ha dado. «No os ha sobrevenido ninguna tentación que no sea humana; pero fiel es Dios, que no os dejará ser tentados más de lo que podéis resistir, sino que dará también juntamente con la tentación la salida, para que podáis soportar» (1 Corintios 10:13).

Dios entiende que en nuestra vida cristiana nos enfrentaremos con obstáculos y presiones. Debemos entender que en esos momentos difíciles Él irá con nosotros a través de todos esos obstáculos en lugar de hacerlos desaparecer mágicamente. Por este motivo nos llama a ser perseverantes.

Vendrán reveses (vv.9-11): Esta nueva perspectiva de la vida cristiana hace que las posesiones y las riquezas tomen su debido lugar. Las pruebas son parte de esta vida y los reveses vendrán a todos.

Santiago también observó que un creyente cuando está pasando por el momento más difícil, es visto y honrado por Dios mismo. En lugar de estar preocupado por vivir en pobreza, el que tienen recursos limitados y que es una nueva persona en Cristo, tienen una autoimagen diferente y ante los ojos de Dios es una persona de gran valía.

Santiago también observó que el creyente que posee grandes riquezas ve sus posesiones materiales desde otra perspectiva. Todo lo que hay en este mundo que hace que una persona sea rica, siempre está en peligro de perderse; en cambio, lo que es de verdadero valor es espiritual y no puede ser destruido.

El amor resiste la prueba (v.12): La felicidad verdadera pertenece a quien persevera cuando es probado. Amor, es la motivación para no ceder en la lucha. Santiago declaró que la corona de vida es la recompensa por resistir la prueba. Esto hace eco también en Apocalipsis, «¡sé fiel hasta la muerte y yo te daré la corona de la vida!» (2:10).

La fe resiste la tentación

Santiago cambia su enfoque de las «pruebas» a las «tentaciones». El insistió que las pruebas tienen que ser soportadas. No así las tentaciones; ellas tienen que ser resistidas.

Tentación es una carnada (vv.13-14): La experiencia de una fe en Cristo es, ni más ni menos, una reorientación de cada área de nuestra vida. La persona de fe tiene un nuevo sentido de responsabilidad. Para un creyente que tiene esta nueva vida, es inconsistente estar en el juego de «la culpa la tiene el otro» cuando se enfrenta a la tentación. Y es, especialmente, abominable echar la culpa a Dios, porque Él es santo.

Desafortunadamente, las personas no tienen buena memoria cuando se trata de tomar responsabilidad por algo. Aun algunos cristianos han sido responsables por echar toda la culpa a Dios.

Cuando llegó el momento de entrar a la tierra prometida, los israelitas cayeron en ese juego de «la culpa la tiene el otro». Tenían informes de primera mano de que la nueva tierra era el lugar propicio para producir recursos en abundancia, pero temieron a los habitantes de aquel lugar. El miedo los hizo que se rebelaran contra la evidente dirección de Dios. Comenzaron a quejarse y a reclamar. De hecho, dijeron: «Deberíamos haber muerto en Egipto o en el desierto. Debemos escoger nuevos líderes. ¿Por qué el Señor nos ha traído a este lugar para que perezcamos a espada?»

También culparon a sus líderes, a pesar de los éxitos que alcanzaron. Hablaron de reemplazar a Moisés y Aarón. Y antes de que la crisis hubiera terminado, amenazaron con matarlos.

Finalmente, culparon a Dios, a pesar de todo lo que hizo para traerlos a ese lugar. Dios respondió y pospuso la posesión de la tierra prometida por otros 40 años, hasta que hubiesen muerto esa generación quejumbrosa.

Inventar excusas para culpar a alguien es un error común; sin embargo, nada se logra con jugar a «la culpa la tiene el otro», al menos nada que valga la pena. Santiago con mucha firmeza enseñó que Dios nunca debe ser culpado, porque «Dios no puede ser tentado por el mal ni él tienta a nadie» (1:13).

Cuando Jesús enseñó a sus discípulos la oración que conocemos como el «Padrenuestro» incluyó esta petición: «Y no nos metas en tentación mas líbranos del mal» (Lucas 11:4). Jesús no estaba sugiriendo que Dios haría que alguien fuese tentado. Nunca haría tal cosa. Eso sería imposible, porque

Dios es santo. Permite que los fieles experimenten pruebas para que examinen y purifiquen su fe, pero Dios no tiene nada que ver con la tentación. De hecho, la referencia a la tentación en el Padrenuestro es una petición para que Dios ejerza tal control sobre nuestra vida que no permita que seamos expuestos a la atracción de la tentación. Cuando Jesús estaba en el jardín de Getsemaní, les dijo a sus discípulos que oraran para que no cayeran en tentación (Lucas 22:40). Hay que resistir la tentación.

Santiago vio que la tentación no viene de una fuente externa, sino interna, de la naturaleza pecaminosa de la persona: «Sino que cada uno es tentado, cuando de su propia concupiscencia es atraído y seducido» (v.14). La tentación es una carnada. Nos atrae con el propósito de atraparnos.

El objetivo es que caigamos como las víctimas (v.15): El proceso para ceder a la tentación puede ser resumido en cuatro pasos simples:

Paso uno: La tentación empieza cuando permitimos que nuestros propios deseos pecaminosos ocupen nuestra atención. Ese es el mejor lugar para derrotar la tentación, en su fuente misma. Podemos vencer la tentación cuando caminamos en el Espíritu mientras mantenemos nuestra mirada en Cristo.

Paso dos: Una vez que la tentación capta nuestra atención, nos atrae y engaña.

Paso tres: Después, el deseo lleva al pecado. De igual manera que cuando ponemos la mirada en Cristo nos aleja del mal y nos acerca al bien, poner nuestra mirada en los malos deseos nos lleva a pecar.

Paso cuatro: Cuando el pecado se consuma, trae muerte.

La tentación misma no es pecado; sin embargo, si ponemos nuestra atención en la tentación, podemos ser atrapados por el pecado. Y la paga del pecado es siempre muerte, tal vez no la muerte física inmediata, pero si nuestra salud espiritual, que con el tiempo nos llevará a una muerte espiritual y física. Cuando somos tentados, recordemos que el propósito principal es lograr nuestra muerte espiritual.

La fe acepta el regalo capacitador de Dios

Santiago empezó esta sección con una advertencia: «No erréis» (v.16). Esta frase está unida a la advertencia previa sobre la tentación. Dice: «No erréis con la tentación».

Es importante que lo que Santiago dice en relación a la tentación, no termina con el mensaje negativo del v.15. ¡No tendríamos esperanza si sólo nos hubiesen dicho que la tentación puede llevarnos al pecado y la muerte! En lugar de eso, en los versículos 17 y 18, Santiago nos da el remedio de Dios para la tentación, el pecado y la muerte. Nos dice que Dios, quien da buenas dádivas, anula la carnada de la tentación y derrota nuestra inclinación hacia el pecado.

Dios es el dador de todo lo bueno. El no podría y no traería nada a nuestra vida con un propósito malo. De hecho, su «buena y perfecta» dádiva incluye «la palabra de verdad» que hizo posible que experimentáramos un nuevo nacimiento espiritual.

¿Por qué Dios nos ha dado la palabra de verdad? ¿Por qué permitió que experimentáramos un nuevo nacimiento espiritual? Santiago nos dio la respuesta: «Para que seamos primicias de sus criaturas» (1:18.)

En el Antiguo Testamento el término «primicias» era usado para referirse a una parte de la cosecha en la agricultura. Las «primicias» algunas veces se referían a las cosechas más tempranas, y otras a calidad o excelencia. En ambos casos, las primicias eran consideradas santas para el Señor. Cuando Santiago se refirió a nosotros como «primicias», dijo que Dios quiere habilitarnos para que le entreguemos nuestra vida como un sacrificio excelente, santo para el Señor. No podemos hacer esto con nuestras propias fuerzas. Sin embargo, Jesucristo lo hace posible. En la epístola a los Hebreos, nos dice:

«Por tanto, teniendo un gran sumo sacerdote que traspasó los cielos, Jesús el Hijo de Dios, retengamos nuestra profesión. Porque no tenemos un sumo sacerdote que no pueda comparecerse de nuestras debilidades, sino uno que fue tentado en todo según nuestra semejanza, pero sin pecado. Acerquémonos, pues, confiadamente al trono de la gracia, para alcanzar misericordia y hallar gracia para el oportuno socorro» (4:14-16).

Nadie vive mucho tiempo sin preguntarse por qué ocurren cosas malas. Casi todos constantemente hemos demostrado la ley de Murphy: Cualquier cosa que va hacia el mal, saldrá mal. Cosas malas ocurren y somos probados cuando las enfrentamos. Sin embargo, no importa cuán protegidos estemos, no podremos escapar de los golpes de la desgracia. Fácilmente nos preguntamos cómo un Dios bueno permite tanta maldad; cómo un mundo tan bueno está lleno de pecado; cómo las personas, creadas para ser buenas, constantemente fallan en lograr ser buenas personas.

Dios permite que seamos probados, de la misma manera que los profesores y entrenadores ponen a prueban a sus estudiantes para ayudarlos. El propósito de las pruebas es para que seamos disciplinados, desarrollemos el carácter y nos habilitan para ser lo que tenemos que ser. Ciertamente nos hacen pasar un mal rato, pero Dios redime nuestras dificultades usándolas para nuestro bien. Sin embargo, Santiago deja en claro que Dios nunca tienta a nadie. Cuando reconocemos la fuente de la tentación es cuando podemos resistirla. Cuando conocemos la fuente de nuestra fuerza es el momento en que encontramos la ayuda que necesitamos para derrotarla.

Vendrán las pruebas y los problemas, pero ellos deben desafiarnos para ser discípulos comprometidos con Cristo.

Capítulo 10

FIRMES EN VUESTRA VOCACIÓN Y ELECCIÓN

Palabras difíciles: «Por lo cual, hermanos, tanto más procurad hacer firme vuestra vocación y elección; porque haciendo estas cosas, no caeréis jamás» (2 Pedro 1:10).

Contexto bíblico: 2 Pedro 1:1-11.

Verdad para recordar: Hemos sido llamados no sólo para ser oidores, sino también hacedores de la Palabra.

Una guía para nuestro recorrido

El contexto bíblico para este capítulo es 2 Pedro 1:1-11, la segunda epístola de Pedro, acompaña a 1 Pedro que fue enviada a los mismos lectores. La primera epístola de Pedro fue escrita para exhortar a los cristianos que eran perseguidos. Circulaba en las iglesias de Asia Menor, probablemente después de la quema de Roma en el año 64 d.C. La segunda epístola fue escrita poco antes de la muerte de Pedro, entre los años 65-67 d.C. En ella, Pedro específicamente hace frente a las falsas enseñanzas en relación al Señor, la venida final de Dios y la actitud permisiva que habían adoptado en sus vidas.

El versículo difícil de este capítulo trata con el papel que juega el creyente en relación con la obra de salvación. Pedro anima a cada creyente diciendo: «Procurad hacer firme vuestra vocación y elección» (1:10). Es parecida a la advertencia de Pablo: «Ocupaos de vuestra salvación con temor y temblor» (Filipenses 2:12). Sabemos que la salvación es obra de Dios y tiene que ver con su gracia; sin embargo, así como participamos en nuestra salvación por fe, de la misma forma participamos siendo fieles a Él.

Por cuanto Dios en su soberanía nos dio la libertad para tomar decisiones, siempre tenemos la posibilidad de elegir alejarnos de Dios. Las iglesias a las cuales Pedro escribió estaban llenas de personas que ejercitaron mal esa libertad y eligieron ignorar o contradecir las enseñanzas y prácticas de la iglesia del Señor. Sin embargo, muchos escogieron glorificar a Dios e hicieron que sus creencias y prácticas estén de acuerdo con el evangelio. Hoy, los cristianos tienen la misma libertad para tomar sus propias decisiones. Las preocupaciones pastorales de Pedro también se aplican a la iglesia de hoy. Escuchemos sus advertencias y crezcamos en nuestra fe en Jesucristo.

Este hombre llamado Pedro anduvo en los caminos de Cristo durante 40 años. El Señor lo llevó por momentos difíciles, pero ninguno como este. Pedro sabía que pronto iba a morir. Generalmente creen que escribió esta carta desde la prisión en Roma, justo antes de su muerte. Él tenía para la iglesia consejos muy importantes. Quizá dudaba de cómo debía presentarse para iniciar su carta y cuáles palabras tenía que emplear para que fuesen tomadas y guardadas en el corazón. Posiblemente dijo, debo presentarme como: «¿Simón, el gran pescador? ¿Simón, el portavoz de los doce? ¿Simón, el discípulo de Cristo? ¿Simón, él que negó a Jesús? ¿Simón Pedro, el pastor de ovejas?»

Después de caminar junto al Señor fielmente, este buen hombre comenzó su última carta a la iglesia con estas palabras: «Simón Pedro, siervo y apóstol de Jesucristo» (v.1).

La gracia de Dios había transformado al pescador impulsivo en un apóstol de Cristo. Pedro se llamó a sí mismo «apóstol» y, por ello, las palabras de esta carta toman gran autoridad. También se llamó a sí mismo «siervo», y sus palabras reflejan el Espíritu de Cristo.

Nuestro Señor nos da todo lo que necesitamos

Esta carta es la continuación de aquella que Pedro escribió a los mismos lectores (2 Pedro 3:1). El propósito de la primera epístola fue animar a los creyentes para que perseveren en tiempos de sufrimiento y persecución. Esta segunda epístola fue escrita para advertirles sobre los falsos profetas. Sin embargo, no empezó su carta con palabras de advertencia. Comenzó haciéndoles recordar que Dios ha provisto todo lo necesario para que vivamos en obediencia a Él. Estas palabras no fueron escritas en tiempo futuro. Las bendiciones de Dios están disponibles para nosotros hoy.

Los falsos profetas que entraron en la iglesia estaban enseñando una herejía conocida como gnosticismo. El nombre, gnosticismo, viene de la palabra griega *gnosis* que significa conocimiento. Los gnósticos decían que formaban parte de aquellos a quienes se les había revelado un conocimiento secreto. Veían este conocimiento especial como superior a la fe. Fue revelado sólo a un grupo muy importante de personas, porque ellos creían que las personas comunes nunca podrían entenderlas.

Los gnósticos enseñaban que la creación de este mundo fue un error, el trabajo de un creador tonto que lo hizo sin el permiso de Dios. Creían que todo lo material era malo; por lo mismo, Dios está separado de este mundo para siempre. Sin embargo, Dios elaboró un plan para capacitar a los gnósticos («los conocedores») y así recibieron una revelación especial que hizo posible su regreso al terreno espiritual y estuviesen reunidos con Él.

El pensamiento gnóstico difería con casi todas las enseñanzas fundamentales de la doctrina cristiana. Por ejemplo ellos decían: (1) Olvidémonos de la salvación por gracia por medio de fe. Ella es sólo para un grupo importante de personas que se consideran muy espirituales y que poseen el conocimiento secreto. (2) Dejemos de lado la doctrina de la encarnación de Cristo. Dios no puede ser hombre porque toda la materia es mala. (3) Hagamos a un lado la esperanza en la redención del pecado por Cristo en la cruz. Redención es simplemente liberar a nuestros espíritus que son prisioneros de estos cuerpos pecaminosos. (4) Dejemos a un lado la doctrina de la santidad de vida. Por un lado, es imposible vivir en santidad porque hay maldad en todo, y esa maldad que prevalece en todo nos obliga a vivir como ascetas, completamente alejados del mundo.

Hoy día las religiones de la Nueva Era se asemejan mucho a los antiguos cultos gnósticos, especialmente en su noción de que todos somos uno con Dios y que la autoconciencia y la autorrealización (que es lo mismo que la conciencia de Dios) nos traerán felicidad. Si todos somos en nuestra esencia interior uno con Dios, no hay necesidad de conocer nada más, excepto a uno mismo. La revelación histórica, que sólo ofrece consejos útiles, tiene poco valor. Tampoco Cristo cumple un fin supremo, porque es sólo un maestro iluminado. Para ellos, Jesús no es el Dios-Hombre que entró a nuestro mundo para salvarnos del pecado. Fue un simple ser humano, que estaba al día con todo y que simplemente es como nuestro hermano mayor. Los poderes divinos que el usó, son canales abiertos que también nosotros podemos usar.

Ya sea un gnosticismo antiguo o moderno, ellos rechazan vivir por fe y demandan conocimiento personal de primera mano. Así, en nuestro tiempo, los libros de la Nueva Era y seminarios que ayudan a descubrir el potencial humano, teleevangelistas que hipnotizan y místicos orientales, todos atraen devotos, dicen que tienen conocimientos especiales, revelaciones supernaturales y estados de conciencia alterados. Lo que ellos desean es un conocimiento privilegiado que venga de un encuentro personal, inmediato y de primera mano, con «poderes divinos». Esa es su meta.

¿Cómo podemos saber que no estamos siendo desviados? ¿Cómo podemos mantenernos sin desviarnos de esa verdad? ¿Cómo debemos responder a los falsos profetas y sus enseñanzas?

Conocer a Cristo personalmente: Todo se enfoca en Cristo. ¿Cuál es la medida correcta de la verdad? Cristo es la verdad. ¿Cómo podemos mantenernos sin desviarnos de esa verdad? Debemos conocer a Cristo personalmente. ¿Cómo debemos responder a los falsos profetas y sus enseñanzas? Necesitamos dar testimonio vivo de la presencia del Cristo crucificado.

Los falsos profetas decían que aquellos que poseían conocimiento secreto, podrían experimentar unión con Dios. Pedro estableció un fundamento comenzando con un punto de acuerdo en común. Él no tenía duda que el conocimiento es importante, pero más importante es el conocimiento de Cristo.

Cuando Pablo escribió a los colosenses sobre la herejía gnóstica, repitió la respuesta de Pedro sobre la importancia de estar centrados en Cristo: «Mirad que nadie os engañe por medio de filosofías y huecas sutilezas, según las tradiciones de los hombres, conforme a los elementos del mundo, y no según Cristo» (Colosenses 2:8).

En esta carta, Pedro nos dice:

- Podemos tener gracia y abundante fe «en el conocimiento de Dios y de nuestro Señor Jesús» (1:2).
- Tenemos todo lo necesario para vivir bien, «mediante el conocimiento de aquel que nos llamó por su gloria y excelencia» (1:3).
- Si las virtudes cristianas son ejercitadas tal como lo hizo Cristo, el conocimiento de nuestro Señor Jesucristo será fructífero (1:8).

En cada uno de estos tres versículos, la palabra que Pedro usa para conocimiento en referencia a Cristo es *epignosis*, que significa «conocimiento creciente». Es el conocimiento que se mueve en la dirección del objeto que se busca conocer. Este no es simplemente conocimiento intelectual; es experiencia personal. Pedro habla de conocer a Cristo más y más, de tener una relación más profunda y personal con Él.

Cuando estamos en comunión intima con Cristo, Él nos provee todo lo necesario para vivir de acuerdo a la voluntad de Dios. En la epístola a los colosenses, Pablo dice: «…y vosotros estáis completos en él, que es la cabeza de todo principado y potestad» (Colosenses 2:10). El poder que hace posible nuestra fidelidad, no es nuestro. Es el poder divino de Jesús en nosotros.

Apropiarse de sus promesas: Pedro nos dice que todo lo que necesitamos para vivir de acuerdo a la voluntad de Dios, está disponible «mediante el conocimiento de aquel [Cristo]» (v.3) y de sus «preciosas y grandísimas promesas» (v.4).

Cristo es la garantía de todas las promesas de Dios. Pablo, en su carta a los Corintios, lo dijo de esta forma: «...porque todas las promesas de Dios son en él Sí, y en él Amén...» (2 Corintios 1:20).

Recibir su Espíritu: Cuando Pedro dice que nosotros podemos «ser participantes de la naturaleza divina» (v.4), su lenguaje suena, como el de los falsos profetas; sin embargo, Pedro no habla de nuestros espíritus siendo absorbidos por la deidad; él estaba hablando de la unión con Cristo en este mundo. Para Pedro, la participación en la naturaleza divina no es la *meta final* del creyente, sino el *punto de partida*. Eso es lo que Jesús quiso decir cuando les dio la promesa: «Pero recibiréis poder cuando haya venido sobre vosotros el Espíritu Santo» (Hechos 1:8). Pablo habló de lo mismo cuando se refirió al «...misterio entre los gentiles, que es Cristo en vosotros, esperanza de gloria» (Colosenses 1:27).

Y Él continúa dando

La vida cristiana vital es una aventura cooperativa entre Dios y el individuo. Pedro dijo que el creyente debe «poner toda diligencia» (v.5) para vivir por fe. Este consejo es parecido al de Pablo a los filipenses: «Ocupaos de vuestra salvación con temor y temblor porque Dios es el que en vosotros produce así el querer como el hacer, por su buena voluntad» (Filipenses 2:12-13). ¡Aún nuestra habilidad para cooperar con Dios es un regalo de su gracia! Dios siempre da todo lo que necesitamos y aún más.

La palabra traducida como «añadir» en el versículo 5, realmente quiere decir «proveer generosamente con todo lo que uno tiene». La palabra se originó en los festivales de drama griegos. Allí había muchas personas ricas que ayudaban a financiar la producción de las obras de teatro, normalmente muy costosas. Esta palabra se convirtió en una expresión de su generosidad y costosa cooperación. Cuando Pedro usó el término en el versículo 5, quería decir más que «añadir a vuestra fe». Realmente quiso decir «equipa generosamente tu fe con estas cosas».

Fe: Es la fe salvadora que nos lleva para tener una relación personal con Dios, pero esa fe sólo marca el principio de nuestra vida con Él. Pedro nos dice que el creyente debe tomar la iniciativa personal para fortalecer esa fe. Si bien el esfuerzo humano es inadecuado para la tarea, es absolutamente esencial. Debemos tener toda la determinación disponible para cooperar con lo que Dios hace.

Bondad: Una cualidad esencial en el ejercicio de la fe es bondad o virtud. Pedro ya había usado esta palabra como una característica de Jesús (v.3). Tiene que ver con la excelencia moral. Esta cualidad de Cristo debe convertirse en la característica del creyente.

Conocimiento: El conocimiento de Dios y su voluntad son necesarios para que la fe produzca obediencia a Dios. Los falsos profetas clamaban tener conocimiento superior, el cual no estaba disponible para todo el pueblo. El conocimiento especial venía como resultado de la iluminación y estaba más allá de la razón o de la fe. Pedro deja las cosas claras. El conocimiento es la experiencia dentro del contexto de la fe y la virtud, y es adquirido progresivamente. Este conocimiento no es reservado para pocas personas; es para todos aquellos que tienen fe en Jesucristo.

Autocontrol: Algunos de estos falsos profetas insistían que su conocimiento superior los había liberado de la necesidad de autocontrol. Pedro les respondió con la verdad, el verdadero conocimiento lleva al autocontrol. Pablo dijo que el autocontrol es fruto del Espíritu (Gálatas 5:23). Sólo cuando la vida está bajo el control del Espíritu podremos demostrar autocontrol.

Perseverancia: Autocontrol produce perseverancia, que es esa cualidad de permanecer firme bajo presión. Perseverancia es la fe que se sobrepone a las dificultades. No es simplemente resistir la oposición, sino permanecer con valentía por el gozo que está todavía por venir (ver Hebreos 12:2).

Piedad: La perseverancia produce piedad, que es reverencia por Dios y respeto a otras personas. La piedad no puede ser falsificada. Viene porque estamos vivos para Dios y porque su Espíritu tiene el control de nosotros. Mientras la vida del creyente se encuentre cada día bajo el control de Dios, reflejará completamente el carácter de Cristo.

Bondad fraternal: La palabra griega es *philadelphia*. Identifica el afecto familiar que hay entre creyentes. Dentro de la iglesia, somos considerados como hijos de un mismo Padre.

Amor: Aquí Pedro habló del amor *ágape*. Este es un amor como el amor de Dios. Cuando «participamos en la naturaleza divina», sin duda reflejaremos el mismo amor de Dios. La fe cristiana es el terreno donde crecen todas estas cualidades y el amor abarca todas ellas.

Los creyentes que cultivan todas estas cualidades cristianas experimentarán crecimiento espiritual. Sin embargo, todos aquellos que ignoran estas virtudes y no hacen el esfuerzo de añadirlas a su fe, corren el riesgo de convertirse en «cortos de vista y ciegos» (v.9). Cuando Pedro habla de caer (v.10), se entiende que los cortos de vista y los ciegos están propensos a tropezar y caer.

La triste verdad es que aquellos que se convierten en ciegos espirituales no alcanzarán la promesa de la vida eterna. Cuando Pedro dice: «Si estas cosas están en vosotros, y abundan» (v.8), nos recuerda que la vida cristiana que no avanza retrocede. No hay término medio en el curso de la madurez cristiana.

Dale a Dios todo lo que tienes

Pedro exhorta a los creyentes para que se esfuercen y así hagan firme su vocación y elección. Los conceptos de «vocación» y «elección» serían muy confusos si no fuese por el hecho de que Jesús los explicó claramente. En la noche de la última cena, mientras Jesús preparaba a sus discípulos para todo lo que ocurriría, les dijo: «No me elegisteis vosotros a mí, sino que yo os elegí a vosotros y os he puesto para que vayáis y llevéis fruto» (Juan 15:16).

Cristo llama y elige. Dios claramente toma la iniciativa en su relación con nosotros. Siempre fue nuestro privilegio responder a Dios y a su gracia inicial. Si bien Él nos llama y elige, no cambia el hecho de que nosotros mismos escogemos como responderle.

La noche de la última cena, Jesús también dijo: «Si guardáis mis mandamientos, permaneceréis en mi amor; así como yo he guardado los mandamientos de mi Padre y permanezco en su amor» (Juan 15:10). Él nos llama y nos elige, y nosotros escogemos como responderle.

La forma en que Pedro usó la expresión «vocación y elección» realmente se refiere a todo lo que está involucrado en la invitación de Cristo al arrepentimiento, a la salvación y al servicio a Él. De todas formas, Pedro tuvo mucho cuidado para hacerles recordar, a ellos y a nosotros, que mientras Dios nos ha provisto todo lo necesario para vivir piadosamente, Él espera que pongamos de nuestra parte; es decir, nuestro esfuerzo.

La fe siempre es una respuesta a la iniciativa de Dios. Inicialmente, la fe es un sí a la invitación de Dios para empezar una relación salvadora con Él. Sin embargo, la fe no se detiene ahí, porque la gracia de Dios tampoco se detiene allí. Dios continúa siendo misericordioso y capacita a los creyentes para que respondan creciendo y madurando en su fe.

Es para nuestro beneficio dejar que el Espíritu de Dios tenga el control de nuestra vida, lo cual hace nuestra vocación y elección seguras. Sí, Dios llama. Sí, Dios nos elige. Sin embargo, su invitación y elección esperan nuestra respuesta, nuestra respuesta que dice, «sí, yo recibiré el regalo de la salvación. Sí, yo permitiré que el Espíritu Santo controle mi vida. Sí, yo haré todo el esfuerzo para equipar mi fe con todo lo que Dios tiene».

El versículo 5 tiene una similitud asombrosa con lo que Pedro dice en el versículo 10: «Poniendo... añadid a vuestra fe virtud» (v.5). «Procurad hacer firme vuestra vocación y elección» (v.10). También hizo hincapié en esta verdad al final de la epístola: «Procurad con diligencia ser hallados por él sin mancha e irreprochables, en paz» (2 Pedro 3:14).

Depende de nosotros cómo será nuestra relación con Dios. La misma que se desarrolla durante un proceso que dura toda la vida. En este pasaje bíblico vemos a Pedro en el final de este proceso. El apóstol se presentó como el «siervo de Jesucristo» (v.1). La palabra que Pedro usó fue *doulos*, que quiere decir más que siervo, significa «esclavo». Después de caminar con Jesús durante cuatro décadas, Pedro estableció una cálida y hermosa relación con nuestro Señor. Celebraba el hecho de que él llegó a ser un esclavo. Como esclavo de Jesucristo, la vida de Pedro no le pertenecía. Pertenecía a Cristo. Era posesión de Cristo. Como esclavo de Jesucristo, Pedro debía lealtad y obediencia a su Maestro. Como esclavo, su vida estuvo a entera disposición de Cristo, su dueño. Estaba siempre al servicio de Cristo. No hubo momento en que Pedro no viviera para Cristo.

La vida de Pedro como esclavo de Cristo es una excelente ilustración de lo que Dios requiere de cada uno de nosotros. Somos llamados a entregarnos por completo a Él.

Conclusión

Dios nos ha dado todo lo necesario para vivir de acuerdo a la voluntad de Dios. Por medio de su gran amor, nos da bondad, conocimiento, autocontrol, perseverancia, santidad, amabilidad entre hermanos y mucho amor cuando se lo pedimos.

¿Cómo debemos responder a Aquél que nos dio mucho más de lo que necesitamos? Después de todo lo que hizo, todo lo que ha dado ¿qué debemos hacer?

¡Debemos entregarnos a nosotros mismos por completo! Así es como nosotros «procuraremos hacer firme nuestra vocación y elección». Así es como «hacemos [todas] estas cosas». Eso es lo que significa tener a Jesucristo como nuestro Señor y Salvador.

Capítulo 11

¡EL TAL SEA ENTREGADO A SATANÁS!

Palabras difíciles: «El tal sea entregado a Satanás para destrucción de la carne, a fin de que el espíritu sea salvo en el día del Señor Jesús» (1 Corintios 5:5).

Contexto bíblico: 1 Corintios 5:1-13.

Verdad para recordar: En un mundo contaminado por el pecado, la vida del creyente tiene que reflejar tanto la pureza de la iglesia como el poder redentor de Cristo.

Una guía para nuestro recorrido

El problema que Pablo menciona en el contexto bíblico de este capítulo, es el incesto. Entendemos el desprecio que Pablo sentía por este pecado en particular, especialmente contra la ostentación que alguien mostraba en la iglesia por esa relación incestuosa. Sin embargo, lo más preocupante para la mayoría de las personas hoy, en relación a este pasaje, es la manera en que Pablo trata el problema con el culpable. No usó la palabra «excomunión», pero describe apropiadamente el veredicto de Pablo. Pablo dijo a los Corintios, y lo repitió cuatro veces en este capítulo, que saquen de la iglesia a ese hombre inmoral. Y dijo: «...con el tal ni aun comáis» (1 Corintios 5:11).

No nos sentimos cómodos con la idea de echar a alguien de la iglesia. Ese tipo de acciones no encaja con nuestros deseos de mantener la paz. Tenemos la idea de que si pasamos por alto los malos comportamientos, podemos permitir que esa persona siga en la iglesia para darle la ayuda necesaria; sin embargo, ¿ayudamos realmente cuando ignoramos la presencia de pecado en la vida de las personas? O más bien, al pasar por alto el problema, ¿no permitimos que continúen con su mala conducta?

El mensaje de Pablo a los Corintios, y nosotros, es que la iglesia no debe tener una actitud complaciente con las malas prácticas de sus creyentes. Él nos alerta que el daño es mayor cuando ignoramos el pecado entre creyentes. Este capítulo nos recuerda que el cuerpo de Cristo tiene que mantenerse puro. Y esto nos muestra que Él siempre desea redimir al pecador.

¡Había un gran problema en la iglesia de Corinto! La credibilidad de los seguidores de Jesús fue manchada por la inmoralidad sexual entre un hombre de la iglesia y «la mujer de su padre» (1 Corintios 5:1). Pablo, al referirse al pecado del

¡El tal sea entregado a Satanás! 111

incesto, usó el mismo lenguaje del Antiguo Testamento: «La desnudez de la *mujer de tu padre* no descubrirás; es la desnudez de tu padre» (Levítico 18:8, cursivas añadidas). El incesto no era sólo una violación de la ley judía, era considerado tan vil que aún la cultura pagana grecorromana lo condenaba.

Informado de esta relación, ¡Pablo reaccionó! No les dio a los involucrados en esa relación la seguridad que Dios les amaba y los aceptaba por lo que hacían. Llamó el hecho por su nombre, «fornicación» (1 Corintios 5:1).

Seriamente hablando, las normas sexuales de la sociedad contemporánea se acercan bastante a los del antiguo corintios. Una de las líderes de la «revolución sexual,» Helen Gurley Brown (por años editora de la revista *Cosmopolitan*), propuso una nueva definición para el término promiscuidad. Sugirió que ser promiscuo es tener relaciones sexuales con más de una persona en un día dado. Entonces, si usted se limitaba a no tener relaciones sexuales con más de una persona en un día, supuestamente estaba bien (¿acaso la monogamia dura sólo 24 horas?).

Pablo, cuando escribió a los corintios, mostró su indignación, estaba sorprendido ante tal inmoralidad. Al enterarse de lo ocurrido, no dudó. Reaccionó y los condenó duramente.

Hoy en día, vemos poca indignación, poca condenación por este pecado, porque poco a poco nos acostumbramos a los programas de televisión y a las películas que glorifican todo tipo de sexualidad. En muchos círculos sociales hoy, el ser infiel al cónyuge raramente causa sorpresa. La pornografía ya no es estrictamente prohibida en la mayoría de las comunidades. «La familia», que hace tiempo era entendida como la unión del hombre con la mujer y sus hijos, fue redefinida en nuestra sociedad como cualquier grupo de personas que disfrutan de su convivencia. Todo es válido. Muy pocos se detienen para decir «no» a cualquiera de esas conductas inmorales.

En este pasaje, Pablo objeta la permisividad demostrada por la gente de la iglesia en Corinto. Ellos no se veían dispuestos a confrontar a aquellos que hacían el mal. En vez de avergonzar a alguien, escogieron ignorar el problema. Parece que confundieron *amor* con *aprobación*. Creían que amar a los pecadores, era pasar por alto su conducta.

Pero las palabras de Pablo muestran todo lo contrario. Juzgó, condenó la inmoralidad y ordenó a los creyentes que arreglen su vida con Dios. Claramente dijo que este comportamiento inmoral no puede ser tolerado en la iglesia. Sin embargo, la instrucción de Pablo a los corintios nos sorprende: «...el tal sea entregado a Satanás...» (v.5). Este es el mismo apóstol que en esta carta habló sobre el amor (1 Corintios 13). ¿Cómo puede pedir a la iglesia que entreguen al hombre a Satanás?

Esta palabra es difícil de entender

Pablo usó esta misma terminología, entregar a alguien a Satanás, en 1 Timoteo 1:20. Aparentemente, esta era una expresión que Pablo usaba habitualmente para echar a alguien de la iglesia. En la mente del apóstol, estar fuera de la comunión de la iglesia, era estar en la esfera de Satanás, donde los principados y potestades del mal trabajan en la vida de las personas para destruirlas. Para el apóstol no se trataba de remover a este hombre de las filas del cristianismo y colocarlo en las del mundo, pues el hombre ya había tomado esa decisión en su propio corazón.

Algunos sugirieron que la intención de Pablo fue que este hombre muriese, porque él dijo: «El tal sea entregado a Satanás para destrucción de la carne» (1 Corintios 5:5). ¡Nada puede estar más lejos de la verdad! Este es el mismo tipo de lenguaje que usó en Gálatas 5:24: «Pero los que son de Cristo han crucificado la carne con sus pasiones y deseos». El apóstol a los gentiles demostró su interés por este hombre al decir: «A fin de que el espíritu sea salvo en el día del Señor Jesús» (v.5). Debemos reconocer que nosotros no sabemos mucho sobre esta situación. Pablo fue muy cuidadoso al no revelar nada más que mínimos detalles aunque, obviamente, estuviera al tanto de todo. Si no, sería improbable que hubiera «…juzgado ya al que tal cosa ha hecho» (v.3). Será para nosotros de gran ayuda si hacemos una lista, hasta donde conocemos, de la dura realidad de 1 Corintios 5.

- Un hombre en la iglesia estaba practicando libremente una relación incestuosa. No tendría que haber sido ignorado, pero así fue.
- Este problema ya había sido tratado en una carta previa, que no tenemos, a los corintios (v.9).
- El hombre involucrado en esa relación no tenía ni la más mínima intención de cambiar, la iglesia ignoró anteriormente la recomendación de Pablo.
- En esta carta, Pablo anunció su juicio sobre el tema. Les advirtió cuatro veces que ellos debían expulsarlo.
- Los cristianos de Corinto estaban orgullosos porque tenían una mente tolerante ante el pecado de ese hombre. Pablo les dijo que en vez de estar orgullosos, ellos deberían estar lamentándose.
- Por su permisividad, los corintios estaban dando al mundo un mensaje erróneo
- Pablo les dijo lo que tenían que hacer, tratar el asunto en una reunión de toda la iglesia. Puesto que este hecho era conocido por todos y contaminó a toda la iglesia, tenía que ser tratado por todo el grupo en un espíritu de unidad y conformidad.

- Pablo fue claro sobre como tenían que tratar el asunto, en una atmósfera donde la presencia de Cristo se sintiera poderosamente, con la esperanza de que el hombre pudiera escoger el arrepentimiento.
- Pablo dijo a los corintios que resuelvan ese problema antes que toda la iglesia sea corrompida. Comparó el pecado en esa iglesia con el efecto de la levadura en la de masa. Un poco de levadura puede leudar toda la masa y cambiarla.
- A través de todo esto, su interés fue la redención del hombre y la pureza de la iglesia en Corinto.

Esta palabra es aún más difícil ponerla en práctica

Realmente, a ninguno de nosotros le gustaría ser parte de una iglesia que emite juicio y es poco espiritual. No nos gusta la idea de cambiar el espíritu amable del cuerpo de Cristo por el cruel fantasma de la inquisición. Difícilmente nos imaginamos excomulgar a alguien. Pablo sería el primero en decir, «amén».

Ni él ni los corintios querían que la iglesia fuese legalista y rigurosa en el trato con las personas. Sin embargo, en el capítulo 5 los encontramos en la última etapa de una seria resolución al conflicto. Aunque no tenemos todos los detalles de cómo este problema fue tratado hasta este punto, Pablo especificó como deberían proceder, a la manera de nuestro Señor.

Todo el proceso de tratar con este tipo de problemas fue claramente expuesto por Jesús, y es importante para nosotros que conozcamos y sigamos los pasos que Él prescribió en Mateo 18.

Paso 1: *Ve y habla con él o ella*. «Por tanto, si tu hermano peca contra ti, ve y repréndele estando tú y él solos; si te oye, has ganado a tu hermano» (v.15).

¡El tal sea entregado a Satanás!

Paso 2: *Ve de nuevo, con otros.* «Más si no te oyere, toma aún contigo a uno o dos, para que en boca de dos o tres testigos conste toda palabra» (v.16).

Paso 3: *Dilo a la iglesia.* «Si no los oyere a ellos, dilo a la iglesia…» (v.17).

Paso 4: *Expulsa al hacedor de mal.* «…y si no oyere a la iglesia, tenle por gentil y publicano» (v.17).

Guía para entender la voluntad de nuestro Señor

De la manera en que Pablo trata la situación negativa en Corinto, surgen algunos principios positivos. Cuando lidiamos con circunstancias difíciles dentro de la iglesia, debemos observar estas pautas:

Modo apropiado: La situación en Corinto fue seria. Tenía que tratarse el asunto por el bien de la persona, y por la reputación y pureza de la iglesia. Por lo serio de la situación, el proceso fue apropiado. Este no es siempre el caso. A veces, lo que se puede ganar con todo el proceso no es digno del precio. No todos los malentendidos o problemas merecen este tipo de examen intenso. Hay circunstancias en que es mejor olvidarlas y seguir con la vida normal de la iglesia. La pregunta sobre cuál sería la forma apropiada para tratar el asunto, siempre debe ser considerada antes de intentar resolver el problema.

Confidencialidad: Para lidiar con esa situación, Pablo tuvo que estar completamente informado de todos los detalles. Por esa razón anunció su veredicto a toda la congregación sin dar ninguna información personal de los que estaban involucrados en el problema. En ningún momento traicionó lo que le confiaron. Aquellos que hablan más de lo necesario, hacen mucho daño. Es tan importante mantener la confianza guardando silencio, como hablar la verdad en amor. Y en la iglesia, no hay llaneros solitarios ni espías.

Guía divina: Pablo fue muy específico de cómo la iglesia debía tratar este asunto de expulsar al hermano inmoral:

- Debían reunirse en el nombre del Señor (v.4).
- Tenían que recordar que Pablo estaba con ellos en espíritu (v.4). En otras palabras, tenían que hacerlo con la debida autoridad.
- Tenían que estar seguros de que el poder del Señor Jesús estaba presente en esa reunión (v.4).
- Mientras disfrutaban de la presencia del Señor, tenían que cortar los lazos con aquel que no quería arrepentirse (v.5). No estaban siguiendo únicamente las pautas del Señor; estaban buscando su voluntad.

Redención: El propósito de todo este proceso no era la expulsión permanente del creyente inmoral, sino su arrepentimiento. Desde el comienzo, estarían en las oraciones de todos. Estas medidas tenían que tomarse con la esperanza de que el hermano renovara su compromiso con Cristo. Aún, si el hermano no se arrepentía, el objetivo no era punitivo, sino que reparador y redentor.

Conclusión

La socióloga, Marsh G. Witten, después de estudiar los sermones predicados en las iglesias protestantes típicas, escribió un libro titulado, *All is forgiven: The Secular Message in American Protestantism* (Todo es perdonado: El mensaje secular en el protestantismo americano). Encontró, con pocas excepciones, que Dios ya no aparece como supremo y santo, un ser diferente «totalmente otro». El Jehová santo del monte Sinaí parece haber desaparecido, junto con su Ley. En vez de eso, Él es referido como un tierno «Papi, sufrido y todo amor». Generalmente es «exclusiva o predominantemente visto en términos de sus funciones positivas con las cuáles sirve a los hombres y a las mujeres. Dentro de estas funciones la principal es una que puede ser denominada como 'terapéutica'». Dios nos ama «libremente y a todos por igual, aunque no lo merezcamos». Nunca juzga, condena o exige.

¡Cuán diferente es esa imagen de Dios con aquella que su Palabra describe! Este no es el Dios que vemos en la forma en que Pablo trató con el pecado dentro de la iglesia en Corinto.

La sabiduría popular dice que una manzana podrida contamina al resto. Es por eso que las amas de casa revisan bien las bolsas de manzanas. Ellas no compran una bolsa de manzanas con una manzana podrida dentro. ¿Debería Cristo esperar algo menos de su iglesia?

Capítulo 12

Unidos con los incrédulos

Palabras difíciles: «No os unáis en yugo desigual con los incrédulos; porque ¿qué compañerismo tiene la justicia con la injusticia? ¿Y qué comunión, la luz con las tinieblas?» (2 Corintios 6:14).

Contexto bíblico: 1 Corintios 6:12-20 y 2 Corintios 6:14-7:1.

Verdad para recordar: La vida santa del creyente depende de la voluntad que tenga para rechazar la idolatría e inmoralidad de la cultura en la cual él o ella viven.

Una guía para nuestro recorrido

Cada nuevo creyente pronto comprende que se requiere un gran esfuerzo para vivir de acuerdo a las enseñanzas de Cristo en un mundo pecaminoso. Ya no se puede vivir escondido en un templo, como tampoco participando en las cosas de este mundo.

Pablo expresó su preocupación al decir: «No os unáis en yugo desigual con los incrédulos» (2 Corintios 6:14).

También sabía que es imposible vivir como creyentes si no estamos relacionados con los inconversos. Más bien, los cristianos son llamados por Cristo para ir por todo el mundo y hacer discípulos. No cumpliremos con esta misión si no tenemos lazos de unión importantes con la gente del mundo. Sin embargo, Pablo estaba preocupado por las relaciones que algunos creyentes tenían con los inconversos, porque los valores de vida y metas son totalmente diferentes.

Los cristianos viven con esta tensión diariamente. Es inevitable. Este conflicto será dinámico o destructivo. Mientras que las relaciones indebidas pueden comprometer los valores cristianos y poner en riesgo un testimonio eficaz, las relaciones guiadas por el Espíritu pueden llevarnos a la salvación y crecimiento espiritual. El tema es, quién es el que tendrá más influencia.

La mayoría sabemos muy poco sobre caballos. Y aún menos sobre el trabajo con caballos. Con excepción de la comunidad Amish y otros que todavía emplean caballos en las tareas cotidianas. El trabajo del campo se ha mecanizado en muchos de nuestros países hace ya bastante tiempo.

Entre nosotros, sólo los más adultos pueden recordar cómo se trabajaba en el campo con caballos. Algunos recordamos vagamente las historias que nuestros padres nos contaban sobre sus días en el campo, donde los caballos eran indispensables.

Entonces, con excepción de los desfiles y cabalgatas, ya no vemos una tropilla de caballos y seguramente, la mayoría no sabría como arrearlos. El término «arre, arre caballito» es raramente usado en nuestros días, y los conceptos «caballo llevado» y «caballo suelto» son desconocidos por la mayoría.

Con todo esto, vemos que no tenemos conocimiento personal del contexto para que nos ayude a comprender lo que Pablo tenía en mente cuando dijo: «No os unáis en yugo desigual con los incrédulos» (2 Corintios 6:14). «No se unan ustedes en un mismo yugo con los que no creen» (VP). «No formen yunta con los incrédulos» (NVI). Aún así, ninguna de las traducciones modernas tiene la fuerza para describir la imagen que ofrece un equipo disparejo y mal preparado que trata de trabajar unido.

Sin embargo, podemos visualizar el cuadro descrito en Deuteronomio 22:10, donde se les dice a los hebreos: «No ararás con buey y asno juntamente». Esto nos muestra un cuadro ridículo, un buey grande y un pequeño asno arando juntos. El buey no podría arar un surco recto por culpa del pequeño animal que está a su lado. Esta parece ser la imagen que Pablo presenta aquí. El apóstol nos dice: «No se unan con incrédulos». ¿Qué es lo que quiso decir a sus lectores y cuál es el significado de esas enseñanzas para nosotros hoy? Éste es nuestro desafío. Veamos si podemos encontrar algunas respuestas.

Primero, algo de contexto

El apóstol Pablo no se levantó de su siesta y le dijo a su secretario Timoteo: «Oye, Tim, acabo de tener una idea. Escribe esto. 'No os unáis en yugo desigual con los incrédulos'. No, espera, cambia eso y escribe, 'no se emparejen con incrédulos'».

Todo aconteció en el mundo real. Un mundo donde Pablo comprendía claramente la naturaleza sensual de una ciudad como Corinto y estaba preocupado con lo que estaba pasando allí con los nuevos cristianos.

Corinto era una ciudad singular, situada en el istmo que separaba la península del Peloponeso de Grecia. Estaba cerca de dos grandes puertos: Cencrea, que daba acceso al mar Egeo y Lechaeum, en el golfo de Corinto, un brazo del mar Jónico. Porque estaban separados por pocos kilómetros, pequeños barcos y cargas eran llevados por tierra de un puerto a otro, de esa manera evitaban un peligroso viaje de unos 320 kilómetros que iba al sur rodeando el cabo de Malea.

La ciudad de Corinto en los tiempos de Pablo, tenía más o menos unos 700 mil habitantes y era notoria por su riqueza. Los corintios eran sofisticados, gente cosmopolita. Como la cultura giraba alrededor del dinero, las grandes divisiones eran económicas y no raciales. Era una ciudad abierta y con muchas oportunidades para marineros que no tenían trabajo o para ciudadanos con seguridad financiera que gastaban su dinero en placeres sensuales. Todo esto era eclipsado por la adoración a la diosa Afrodita, con un enfoque en el uso de prostitutas como parte de la adoración.

A esta ciudad rica, pecaminosa y corrupta, Pablo vino a predicar de aquel que llama a una vida de pureza y servicio. Este nuevo sistema de creencias prometía grandes recompensas, pero también hacía demandas significativas. Llamaba a un completo alejamiento de todo aquello denominado tradicional, lo considerado «sagrado» y veces satisfactorio.

Sin embargo, sólo echamos un vistazo superficial. Lo que queremos ver es muy importante, fundamental, se trata de escoger entre la lealtad a Dios o a los dioses. La pregunta es si eso importa y cuánto.

Un choque de dioses

Para expresarlo de una manera más adecuada, estamos frente a un choque entre Dios y los dioses locales. La historia de Corinto proveía un gran menú de dioses para adorar.

Corinto empezó como una ciudad griega. Después en su historia fue conquistada por los romanos. En el año 44 a.C., Julio César fundó una colonia romana compuesta por esclavos libres. Muchos esclavos del primer siglo eran diestros para el trabajo; generalmente tenían más educación académica y experiencia que sus propios dueños. Estos esclavos no eran romanos, venían de Grecia, Siria, Judea y Egipto, y traían todas sus costumbres y dioses con ellos, los mismos que se mezclaban con las costumbres y dioses locales.

Nuestra tentación es poner atención sólo a la adoración de la diosa Afrodita. Sin embargo, el mensaje de Pablo va más allá del contraste entre la inmoralidad de la alabanza en el templo pagano y la pureza esperada de los seguidores de Jesús.

Generalmente aquellos que se convertían al cristianismo en Corinto, venían de cultos paganos, donde muchos dioses eran adorados. Ninguno de sus antiguos dioses requería una devoción exclusiva y era común que algunos de los nuevos cristianos proclamaran devoción a Cristo mientras continuaban aliados con otros dioses. Ciertamente, eso no era aceptable y mostraba la necesidad de una ruptura con el mundo pagano. Esos cultos tenían una influencia tan negativa en la vida diaria, que era difícil para los cristianos vivir sin dar la impresión de que estaban participando de la idolatría pagana. Era problema comer en un lugar público o en la casa de un viejo amigo, porque ellos servirían comida sacrificada a los dioses. Era frecuente que se realizaran reuniones públicas en templos paganos, y los creyentes temían que su presencia indicara que ellos aprobaban los rituales que allí se llevaban a cabo.

En muchas ciudades romanas, los templos locales también funcionaban como centros de vida cívica. Algunos de ellos tenían estadios construidos al lado y por tanto, existía una relación de cooperación entre los eventos atléticos y teatrales dentro los estadios y las observancias religiosas. Otros templos funcionaban como centro de reuniones públicas y asambleas. Muchos templos tenían edificios adyacentes que funcionaban como cocinas y salas de banquete. Las salas de banquete eran más que simples lugares para comer, como los restaurantes contemporáneos. Por la cercana relación con el templo y sus deidades, las comidas tenían un significado religioso. La comida probablemente venía de los sacrificios del templo; los sacerdotes y las sacerdotisas presidían las comidas. Las personas asistían a los banquetes con la esperanza de que los dioses bendijeran sus negocios o alianzas políticas.

En Corinto, estar separado de este mundo era difícil. En realidad, es un problema continuo para cada generación. ¿Cómo debemos relacionarnos los creyentes con aquellos que están fuera de la comunión cristiana? Separación absoluta es imposible y, además, no es deseable. Por otro lado, una participación en el mundo sin restricciones sería desastrosa. Para nosotros, la advertencia de Pablo tiene mucho significado. No se unan con incrédulos. No comprometan la integridad de su fe. Nunca olvide que usted es uno del pueblo santo de Dios.

Pablo preguntó: «¿…qué compañerismo tiene la justicia con la injusticia…?» (2 Corintios 6:14). La respuesta es obvia. ¡Ninguna! Usted no pueden mezclar justicia con injusticia, ni tampoco la luz con las tinieblas en un mismo lugar y al mismo tiempo.

Luego, Pablo, quería saber: «¿Y qué concordia Cristo con Belial…?» (v.15). La palabra «Belial», proviene de la lengua hebrea y significa «sin valor», era usada para identificar a

Unidos con los incrédulos

Satanás. La palabra «armonía» es la raíz para nuestra palabra «sinfonía». En la traducción griega del Antiguo Testamento, la Septuaginta, la misma palabra de Daniel 3:5 es traducida como «trompeta» (Versión Popular), como bocina (Reina Valera). Permita que esta imagen capture su imaginación. ¿Se imagina a Dios y a Satanás marchar juntos en un desfile y tocar trompetas? O, ¿que Satanás le invite a tocar en la misma orquesta sinfónica que él toca? No, por supuesto que no.

El tema fundamental aquí es el carácter del dios que ellos escogieron servir. Pablo recuerda a los corintios que el Dios de la Biblia es un Dios celoso, y no admite rivales. Y esto nos trae a la parte práctica de la palabra de Pablo a los corintios.

Un choque de culturas

Un ateo en Corinto habría sido una persona solitaria. Allí todos eran religiosos. La adoración a los dioses había saturado la cultura, que era casi imposible marcar la línea entre lo religioso y lo secular, si es que en verdad había alguna que los separaba. Esto hizo más fácil y aparentemente atractivo, que algunos cristianos vivieran como paganos. Podían poner a Jehová Dios a la cabeza de su lista de dioses y continuar con su anterior estilo de vida pagano. Eso no impedía su vida social o la práctica de sus negocios.

Sin embargo, Dios dijo: «…Salid de en medio de ellos y apartaos…» (2 Corintios 6:17). Originalmente, estas palabras eran un llamado a los exiliados de Babilonia a que dejasen sus cómodas vidas y regresaran para participar de los desafíos en la reconstrucción en Jerusalén (Isaías 52:11). Aquí, Pablo invitaba a los cristianos para que abandonen las relaciones de amistad con aquellos que estaban involucrados en prácticas pecaminosas, por temor a que esas amistades los llevaran a pecar.

Estas fueron palabras duras para la gente de Corinto. Y también son palabras duras para nosotros hoy. De alguna manera, Corinto nos recuerda a un barrio de clase media-alta, en cualquier ciudad próspera de nuestros países. Así como los corintios, ninguna de nuestras iglesias o miembros son menos inmunes, a la infecciosa naturaleza de la cultura en que están inmersos. Los cristianos de hoy, como los de Corinto, enfrentan las mismas tentaciones que comprometen su fe para ser aceptados socialmente o tener ventajas financieras. Los misioneros que regresan a su tierra después de años de servicio, se entristecen al ver que las iglesias imitan los valores del mundo. Vendrá el momento cuando un valiente llame a la iglesia para que se aleje de su relación con el mundo y haga un compromiso para vivir por Jesús. Generalmente este es un llamado que nos cuesta escuchar; sin embargo, el Señor nos dice: «Salid de en medio de ellos y apartaos».

«…Glorificad, pues, a Dios en vuestro cuerpo…» (1 Corintios 6:20b). Los corintios vivieron en un tiempo y lugar donde lo que conocemos como «los pecados de la carne», para ellos era normal. En 1 Corintios Pablo escogió un ejemplo para ilustrar cómo los cristianos deben, o no, tratar sus cuerpos. Habló de prostitución, una actividad que era aceptable para la mayoría de los corintios y considerada por muchos como adoración.

«Un cristiano no debe contratar los servicios de una prostituta». Ese era el significado de la declaración de Pablo: «¿Quitaré, pues, los miembros de Cristo y los haré miembros de una ramera? De ningún modo» (1 Corintios 6:15). Detrás del argumento de Pablo, estaba el valor radical que los filósofos griegos y creyentes cristianos adjudicaban al cuerpo humano.

Algunos cristianos estaban comprometidos con relaciones donde no distinguían la línea que los separaba de sus vecinos paganos. Ir a banquetes en el templo y visitar prostitutas eran acciones completamente aceptadas por la sociedad, pero estaban en total contradicción con el compromiso con Cristo.

Unidos con los incrédulos

Estos corintios, definitivamente estaban en el mundo; además, sus acciones indicaban que también eran del mundo.

Los griegos decían que el cuerpo y el espíritu estaban separados. Eso los llevó a seguir dos caminos. Algunos griegos hicieron todo lo posible por destruir los deseos del cuerpo, para anular su influencia sobre el espíritu. La idea más popular afirmaba que el cuerpo tenía poco valor, por tanto, usted podía hacer lo que quisiera con él. Come lo que quieras. Haz lo que te plazca. No marcaba ninguna diferencia, porque sólo el espíritu era lo que importaba.

Pero Pablo dijo: «¿O ignoráis que vuestro cuerpo es templo del Espíritu Santo, el cual está en vosotros, el cual tenéis de Dios, y que no sois vuestros? Porque habéis sido comprados por precio; glorificad, pues, a Dios en vuestro cuerpo y en vuestro espíritu, los cuales son de Dios» (1 Corintios 6:19-20). Si el cuerpo es templo del Dios Altísimo, lo que decidimos hacer con él tiene una enorme importancia.

Conclusión

El yugo era un simple instrumento de madera para unir y controlar a los animales de trabajo. Se transformó en una ilustración visual de poder controlador, de propiedad y de servicio. La relación entre dos personas fue descrita en alguna ocasión con la idea del yugo.

En el imperio Romano, los esclavos eran considerados propiedad de sus amos. Las etiquetas de propiedad tenían la forma de pendientes, colgantes y placas, y eran colocadas en los esclavos. Esto indicaba su situación como esclavo y a quienes pertenecían. Las etiquetas de propiedad llegaron a ser llamadas figurativamente yugos.

En la tradición israelita, el yugo simbolizaba el convenio entre el pueblo y el Señor. A diferencia de las etiquetas económicas y políticas de identidad, aceptar este convenio era causa de gozo. Jesús y las primeras comunidades hablaban del yugo como un símbolo del pacto entre Él y sus seguidores. Como tal, hacían hincapié en la relación de sumisión entre personas y el Señor, y el lazo de unión de los «compañeros de yugo». Esta relación está caracterizada por un amor servicial, y no por una actitud dominante e indiferente. No debe sorprendernos que Pablo dijo: «No os unáis en yugo desigual con los incrédulos», porque tal combinación nunca podría mostrar nuestra relación en Cristo.

Capítulo 13

PEOR QUE UN INCRÉDULO

Palabras difíciles: «Porque si alguno no provee para los suyos, y mayormente para los de su casa, ha negado la fe, y es peor que un incrédulo» (1 Timoteo 5:8).

Contexto bíblico: 1 Timoteo 5:3-16.

Verdad para recordar: Los cristianos tienen la responsabilidad de cumplir con sus obligaciones de honrar y dar amor a sus familiares.

Una guía para nuestro recorrido

Las expectativas básicas que Dios tiene para su pueblo están explicadas en los Diez Mandamientos. El primero: «No tendrás dioses ajenos delante de mí» (Éxodo 20:3); ese es el fundamento para el segundo, tercer y cuarto mandamientos. Juntos establecen la base para la relación entre Dios y los seres humanos. Los otros seis se refieren a las expectativas que Dios tiene para con su pueblo en sus relaciones interpersonales. El quinto mandamiento: «Honra a tu padre y a tu madre para que tus días se alarguen en la tierra que Jehová, tu Dios, te da» (Éxodo 20:12), es el fundamento para los mandamientos que quedan, porque establece la norma para las relaciones entre hijos y sus padres. Este se convierte en el punto inicial para la sociedad y una norma para todas las otras relaciones.

La familia fue idea de Dios, y detrás del concepto del padre, está la paternidad universal de Dios. Fue Dios quien puso en orden todo el plan de las relaciones familiares. Cuando Pablo escribió a los efesios que oraba por ellos, les dijo: «Por esta causa doblo mis rodillas ante el Padre de nuestro Señor Jesucristo» (Efesios 3:14). El concepto de «familia» es tan básico para el plan de Dios que se aplica no sólo a la familia, sino también en la iglesia y a toda la humanidad.

Este capítulo trata con una declaración difícil sobre relaciones familiares en los hogares y en la iglesia. Este es un tema relevante en una sociedad que parece estar perdiendo su marco de referencia en relación a la familia. Esto nos ayudará a volver a los principios básicos de las responsabilidades familiares.

¿Cuán malvado tienes que ser para ser peor que un incrédulo? Eso depende, me dijo un hombre, en cierta ocasión, al referirse a una persona de nuestra congregación. «Conozco personas que nunca fueron a la iglesia, y tienen mejor comportamiento que algunos de los llamados

Peor que un incrédulo

cristianos que conozco». Estuve tentado a darle una respuesta irrespetuosamente frívola, tal como: «Tiene razón, pero debería haberlo visto antes que el Señor comenzara a transformar su vida».

Pero no lo hice.

Afortunadamente, nuestro mundo tiene personas que, por naturaleza o entrenamiento, viven un nivel ético y moral más alto que algunos que asisten regularmente a la iglesia. Hay personas que testifican de la gracia salvadora de Dios en sus vida, y que continúan con las dificultades de su antigua forma de vivir. No todas las personas combaten con éxito esas tentaciones.

Por otro lado, algunos inconversos tienen la moral de «un gato callejero», para usar una expresión descriptivita.

¿Cuán malo tienes que ser hoy para ser peor que un incrédulo? Todo depende del incrédulo que usemos para comparar. Así tomamos por sentado que hay normas para medir la conducta. Existen algunas conductas buenas y malas, éticas y no éticas.

La pregunta puede llegar a ser muy complicada si comparamos cualquier tipo de conducta personal con la salvación. ¿Hay algo que podamos o debamos hacer para obtener la salvación? O, en otras palabras, ¿recibimos perdón de pecados y la promesa de la vida eterna con un Dios amoroso, como resultado de algo que hicimos o decidimos no hacer? La respuesta del Nuevo Testamento es clara: «Porque por gracia sois salvos por medio de la fe; y esto no de vosotros, pues es don de Dios» (Efesios 2:8).

Somos salvos solamente por gracia. Pero usted dice: «Debemos tener fe». Y tiene toda la razón.

Sin embargo, la fe no nos salva. «...por gracia sois salvos... es don de Dios...». Esta verdad fundamental es corroborada en 2 Timoteo 1:9 con las siguientes palabras: «...quien nos salvó y llamó con llamamiento santo, no conforme a nuestras obras, sino según el propósito suyo y la gracia...»

Entonces, ¿qué es lo que Pablo quiso decir cuando afirmó: «...porque si alguno no provee para los suyos, y mayormente para los de su casa, ha negado la fe, y es peor que un incrédulo»? (1 Timoteo 5:8). ¿Estaba él sugiriendo una nueva forma de salvación? O, ¿tenía un mensaje diferente? Exploremos estas preguntas, mientras damos un vistazo a Éfeso, la ciudad donde Timoteo vivía cuando Pablo le escribió y, después, examinemos el desafío que enfrentaban los cristianos.

Éfeso del primer siglo

Éfeso era una gran ciudad. Por lo menos, es así como Pablo la veía. Durante su trabajo misionero pasó más tiempo allí que en cualquier otro lugar. Era una ciudad con riquezas, poder y edificios hermosos. Entre ellos estaba el templo dedicado a Artemisa (a quien los romanos la conocían como Diana). Es recordado como una de las «siete maravillas del mundo antiguo», junto a las pirámides de Egipto, los jardines colgantes de Babilonia, la gran estatua de Helios, el dios sol griego en el puerto de Rodas y otros notables logros artísticos y arquitectónicos.

Situada en lo que hoy es Turquía, Éfeso se halla reducida a una montaña de escombros de piedra, destruida por grandes terremotos en los siglos IV y VII y nunca fue reconstruida. En contraste, la Éfeso del siglo primero era el centro regional que ejercía control administrativo sobre más de quinientas ciudades en la provincia romana de Asia. Poseía la misma mezcla de lo sagrado, sensual y pecaminoso que se podía encontrar en cualquier gran ciudad de la Roma del siglo primero, además de poseer mucho dinero.

En aquella época, Éfeso era conocida como el banco de Asia Menor. Cuando el templo de Artemisa fue destruido en el año 365 a.C., Alejandro el Grande ofreció reconstruirlo. Los efesios rechazaron su propuesta y construyeron el templo con su propio dinero y contrataron a los artistas más famosos de la época.

Esta ciudad no era simplemente un buen lugar para vivir, proveía un centro estratégico para el trabajo evangelístico en aquella parte del mundo romano. Pablo fue recibido fervientemente por la comunidad judía de Éfeso. Predicó allí más o menos por tres meses, hasta que ellos no podían tolerar más su mensaje. Después Pablo siguió en el salón de lectura cerca de la sinagoga. Al respecto Lucas dice: «Así continuó por espacio de dos años, de manera que todos los que habitaban en Asia, judíos y griegos, oyeron la palabra del Señor Jesús» (Hechos 19:10). Pablo también tuvo un problema con los artesanos de la ciudad, pero esa es otra historia (Hechos 19:24-41).

Éfeso era, mayormente, un cruce de la cultura romana y griega, con su propia versión de los vicios populares de aquella época. Recientemente, un economista, con reputación internacional, dijo que si hoy en día más del dos por ciento de la gente que trabaja en instituciones financieras fueran deshonestas, el sistema no funcionaría. Como durante siglos las cosas no han cambiado mucho, es justo decir que la misma situación existía en la antigua ciudad de Éfeso. La mayoría de su gente eran buenos ciudadanos que intentaban vivir en forma honesta y honorable.

Pero también había otro tipo de gente.

En su primera carta a Timoteo, Pablo incluyó una lista de algunas personas que creaban el lado oscuro y maligno de Éfeso (1 Timoteo 1:9-10). Estos también representaban a los inconversos con quienes los cristianos eran comparados. Note la clase de personas en la lista de Pablo:

- *Trasgresores:* Estos no eran pecadores «por accidente», gente que no conocía la ley. Los transgresores pecaban deliberadamente para satisfacer sus deseos egoístas.
- *Desobedientes:* Gente sin reverencia a Dios.
- *Impíos y pecadores:* Los terribles gemelos de la historia, que describe a los que deliberadamente desprecian a Dios.
- *Irreverentes y profanos:* Puede ser traducido como impío y contaminado.
- *Parricidas y matricidas:* Los antiguos consideraban que este era el peor pecado de todos. Bajo la ley romana, estos asesinos eran metidos dentro de una bolsa con una serpiente venenosa y después ahogados.
- *Adúlteros y pervertidos:* Los líderes de la inmoralidad sexual.
- *Traficantes de esclavos, mentirosos y perjuros.*

¡Que lista tan terrible! Estos eran los peores incrédulos en la Éfeso que Pablo y Timoteo conocieron. De todas formas, era con estos pecadores con quienes los cristianos fueron comparados cuando Pablo escribió: «Porque si alguno no provee para los suyos, y mayormente para los de su casa, ha negado la fe, y es peor que un incrédulo» (1 Timoteo 5:8)».

El desafío que enfrentaban los cristianos en Éfeso

Pablo, al final de su ministerio, dio algunas instrucciones especiales a Timoteo, quien comenzaba a pastorear. Sin embargo, las palabras del apóstol no eran sugerencias. Le dijo: «Este mandamiento, hijo Timoteo, te *encargo*...» (1 Timoteo 1:18a, cursivas añadidas). «Encargar» es una palabra militar que tiene la connotación de ser una obligación urgente. Tiene la fuerza, pero no la rudeza, del sargento instructor que dice a sus tropas: «Cuando yo digo 'salten', quiero que respondan mientras saltan: '¿Cuán alto?'»

A Timoteo se le encomendó que milite «...la buena milicia, manteniendo la fe y buena conciencia...» (1 Timoteo 1:18b-19a). En Efesios 6:10-17, Pablo llamó a la iglesia a la batalla. Allí, describió la armadura cristiana con detalle. Aquí, Timoteo y los cristianos con quienes vivía, fueron instruidos para pelear la batalla contra el pecado. Sus armas contra el maligno eran tener confianza firme en el mensaje de Jesús y un compromiso constante de vivir en santidad. O dicho de otra manera, ellos debían creer en la verdad y actuar de acuerdo a la voluntad de Dios.

Las palabras de Pablo a los efesios y a Timoteo parecen estar en tensión, pero no es así. Pablo advirtió a los efesios que, vivir para Cristo, implica guardarse de toda contaminación del mundo pecaminoso, evitando relaciones personales con los incrédulos.

Por otro lado, Timoteo y sus amigos debían vivir de tal manera que su conducta nunca fuera excusa para que un incrédulo escogiera no seguir a Jesús.

Tomemos un rápido vistazo a 1 Timoteo, y veamos las instrucciones que da Pablo en relación a las razones por las cuales los creyentes debían practicar su «fe y buena conciencia».

«Desechando la cual naufragaron en cuanto a la fe algunos» (1 Timoteo 1:19b). A Himeneo y Alejandro se los muestra como ejemplos trágicos que separaron la fe y la buena conciencia. En 2 Timoteo 2:17, Himeneo es mencionado como el hombre cuya palabra carcome como gangrena. Fe y buena conciencia deben mantenerse juntas para producir crecimiento espiritual.

«Asimismo que las mujeres se atavíen de ropa decorosa, con pudor y modestia... como corresponde a mujeres que profesan piedad» (1 Timoteo 2:9-10). Estos versículos siempre han sido mal interpretados y se dijeron cosas diferentes a las que el apóstol pretendía. Estas palabras están claramente conectadas con el llamado a los creyentes «levantando manos santas, sin ira ni contienda» (1 Timoteo 2:8b). No importa, en otras palabras, si hombres o mujeres están plenamente conscientes del significado, fe y buena conciencia deben ser mantenidas para una adoración correcta.

Un líder de la iglesia: «También es necesario que tenga buen testimonio de los de afuera, para que no caiga en descrédito y en lazo del diablo» (1 Timoteo 3:7). Líderes cristianos, pastores y laicos viven en un mundo que los observa de cerca. Puede que los incrédulos no acepten las enseñanzas de Cristo, pero normalmente saben cuáles son, y esperan que aquellos que guían a la iglesia vivan como Él. La combinación de fe y buena conciencia debe ser edificada en la vida de aquellos que serán los líderes en el reino del Señor.

«Porque si alguno no provee para los suyos, y mayormente para los de su casa, ha negado la fe, y es peor que un incrédulo» (1 Timoteo 5:8). Aquí tenemos, otra vez, el llamado para que los creyentes combinen la fe y la buena conciencia en todo lo que hacen.

En el Nuevo Testamento, hay dos palabras dominantes usadas para las familias. La primera es *patria*, de la cual proviene la palabra «patriarca». Por *patria* se refiere específicamente a la ascendencia biológica. La segunda palabra griega usada para familia es *oikos*. *Oikos* es más común en el Nuevo Testamento, y tiene un concepto más amplio que el círculo familiar.

En las culturas romanas y judías del primer siglo, *oikos* se refería a una unidad social, que consistía en todos aquellos que dependían de la cabeza del hogar. El círculo familiar incluía desde hijos e hijas biológicos hasta siervos o sirvientes. Este concepto de círculo familiar es más amplio que las nociones contemporáneas del núcleo de unidad familiar. En este ambiente, se tenía una firme conciencia de interdependencia y responsabilidad de parte de los miembros de familia en tiempos de necesidad. El círculo familiar era la primera fuente de asistencia cuando surgían dificultades.

Las palabras de Pablo sobre la ayuda a la familia no pueden separarse del tema de las viudas en la iglesia primitiva, que lo precede y lo continúa. Las mujeres casadas tenían la seguridad de sus maridos y la ayuda de sus familiares. La vida de una viuda, sin embargo, en el mundo del siglo primero era más trágica de lo que podemos imaginar hoy con los sistemas sociales de protección.

Jóvenes viudas podían, y en esa cultura probablemente deberían, casarse de nuevo. Las viudas mayores no tenían nada. No tenían herencia, sostén de jubilación, seguro médico ni bienestar. Simplemente, no tenían nada. Si la iglesia no las ayudaba, las viudas pasaban por serios problemas.

Y el mundo alrededor, observaba la situación.

Conclusión

El apóstol Pablo tuvo una influencia significativa en la formación de la iglesia primitiva. Sus viajes lo llevaron hacia el mar Mediterráneo desde Israel a Roma. Y en cada lugar, estableció nuevas iglesias. Sin embargo, para Pablo era difícil quedarse y ser un pastor residente en todas las iglesias que ayudó a comenzar. Pudo regresar a alguna de sus iglesias durante sus viajes misioneros. Cuando no podía viajar, Pablo se mantenía en contacto por medio de cartas escritas y mensajeros. Muchas de sus cartas están dentro del Nuevo Testamento. En ellas, nos damos cuenta del interés que Pablo tenía de ver estas iglesias crecer y madurar en su fe.

En el pasaje bíblico que estudiamos en este capítulo, Pablo escribió para aconsejar y animar a Timoteo, el joven pastor de la iglesia en Éfeso, sobre varios asuntos específicos: la integridad de los líderes de la iglesia, corregir las falsas enseñanzas y la importancia de una buena doctrina.

Pablo también trató un problema que trascendió las barreras culturales: ¿Cómo cuidamos a las personas en necesidad en la iglesia? El consejo de Pablo a Timoteo en relación al cuidado de las viudas, nos recuerda que nuestra fe en Cristo nos llama a velar por los enfermos, los pobres y los marginados.

Las palabras de Pablo también incluyen una declaración que suena fuerte: «Porque si alguno no provee para los suyos, y mayormente para los de su casa, ha negado la fe, y es peor que un incrédulo» (1 Timoteo 5:8). No obstante, esta no es una simple exageración para dar claridad a sus ideas. Realmente creía lo que decía. En aquel día, si los padres pasaban por necesidades, la ley griega requería que los hijos mayores debían ayudarlos, y los culpables eran amenazados con la pérdida de sus derechos civiles. Era difícil para Pablo imaginarse que los paganos podían ser ejemplo del amor de Cristo en una forma más eficaz que los creyentes. Para los seguidores de Cristo esto es más que una obligación social. Esto es una auténtica expresión de fe que es consistente con el ejemplo que Jesús nos dio.

El mensaje de Pablo es claro, si el amor de una persona por su prójimo no empieza en casa, entonces la proclamación de que él o ella aman a Dios es una mentira. Y los mentirosos no son mejores que los incrédulos.

Que Dios nos ayude a poner en práctica nuestra fe en Cristo, para que tal acusación nunca sea dirigida hacia alguno de nosotros.

www.ingramcontent.com/pod-product-compliance
Lightning Source LLC
Chambersburg PA
CBHW071513040426

42444CB00008B/1622